ISTENBE VETETT BIZALOM
A SZENVEDÉSEK IDEJÉN

AMIKOR ISTEN
IGAZSÁGÁNAK ISMERETE
TÖLTI BE A NŐKET -
MINDEN NŐT A MAGA
HELYÉN - ATTÓL MÁS
LESZ A VILÁG IS

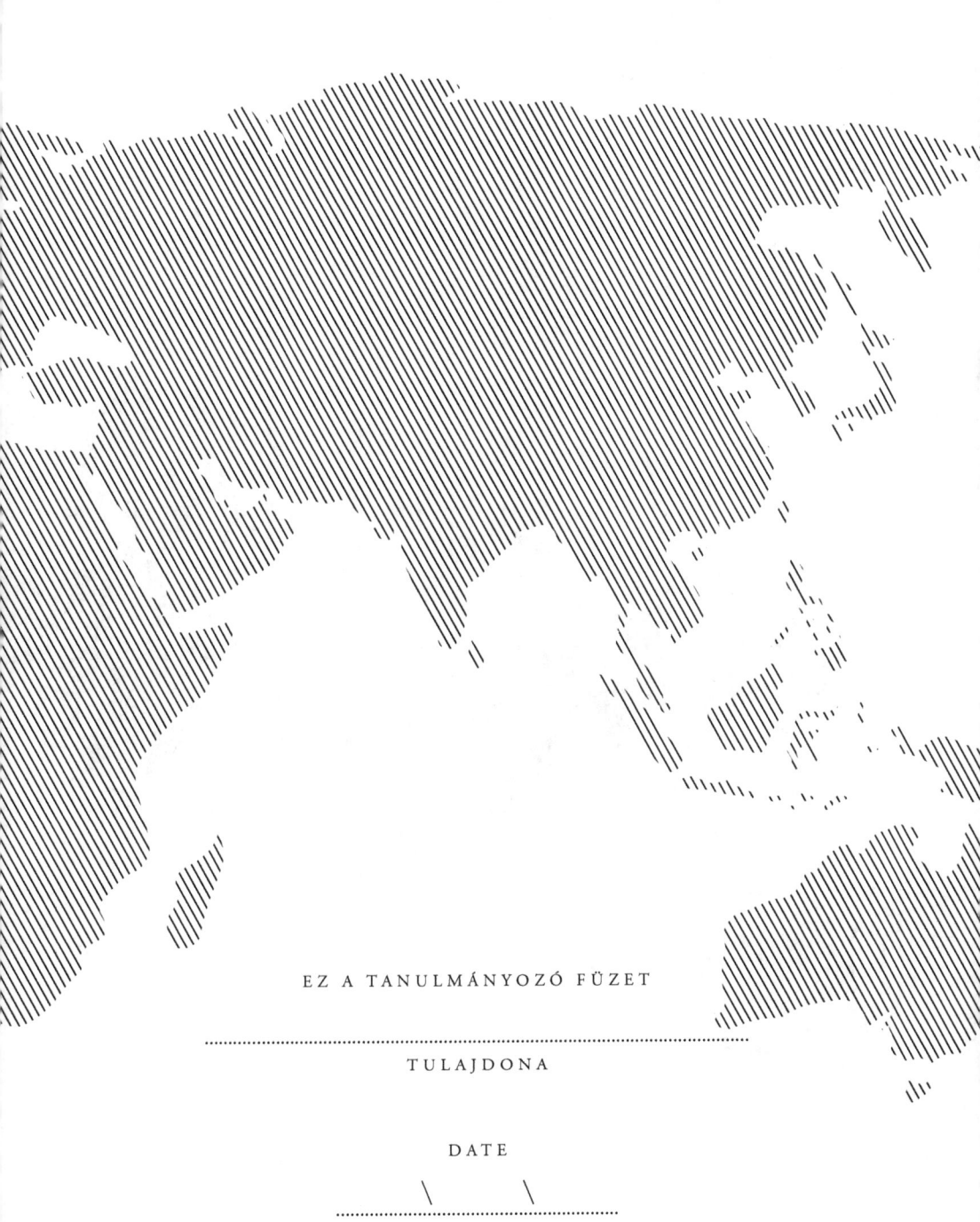

EZ A TANULMÁNYOZÓ FÜZET

....

TULAJDONA

DATE

\ \

....

TARTALOM

Érted

IS IMÁDKOZTUNK.
AZ, HOGY MOST
ITT VAGY, NEM
VÉLETLEN.

ISTEN HOZOTT, BARÁTUNK!

Szívből örülünk, hogy úgy döntöttél, csatlakozol ehhez a bibliatanulmányhoz! Imádkoztunk érted. Az, hogy most itt vagy, nem puszta véletlen.

Érted szóló imánk egyszerű: arra kérjük Urunkat, hogy vonjon közelebb magához miközben napról napra elmélyülsz az Ő igéjében. Mielőtt elolvasnád az adott napra kijelölt részt, mindig imádkozz és kérd Isten segítségét a megértésben. Kérd arra is, hogy szóljon hozzád az Ő szava által. Aztán pedig csendesedj el, és figyelj. Higgy Isten hűségében: Ő szólni fog hozzád. És légy te magad is hűséges az engedelmességben.

Szánj időt arra, hogy többször is elolvasd az igeverseket. A Biblia szerint ha úgy kutatunk a bölcsesség után, mint ahogy ezüst vagy egyéb elrejtett kincs után, akkor megtanuljuk mit jelent félni az Urat és igazán megismerjük Őt (Példabeszédek 2:4–5).

A Szeresd Nagyon Istent szolgálóival mind izgatottan várjuk, hogy elindulj, és reméljük, hogy a célvonalban találkozunk. Tarts ki rendületlenül, fusd meg a pályát, ne add fel! Legyen jó befejezése a mai elindulásodnak.

Végig bátorítani fogunk, ahogy lépésről lépésre haladsz. Melletted állunk. Egészen biztos, hogy Isten sokat tartogat számodra ebben a tanulmányban. Gyere velünk, járjunk együtt ezen az úton, amelyen megtanuljuk, hogyan szeressük nagyon Istent egész életünkkel!

NEM SZERETNÉL MEGHÍVNI VALAKIT, HOGY KÖZÖSEN CSINÁLJÁTOK VÉGIG EZT A TANULMÁNYT? SZÜKSÉGÜNK VAN EGYMÁSRA, MERT EGYÜTT SOKKAL JOBB.

A Szeresd Nagyon Istent szolgálata azért jött létre, hogy világszerte minden nőt ösztönözzön, bátorítson és megtanítson egész életével nagyon szeretni Istent.

ÖSZTÖNÖZ minden nőt, hogy nap mint nap Isten igéjét tegyék az első helyre, és ezt különböző bibliatanulmányozó anyagok segítségével teszi.

BÁTORÍT minden nőt az Istennel való kapcsolatukban online közösségek által és személyesen, miközben számonkérhetőségre tanít.

MEGTANÍT ÉS FELKÉSZÍT minden nőt arra, hogy hitükben növekedve minél hatékonyabban vezessenek másokat is Krisztushoz.

A kiindulópont egy egyszerű bibliaolvasási terv, ám ez csak a kezdet. Vannak nők, akik otthonaikban vagy a helyi gyülekezetükben találkoznak, mások az online teret használják arra, hogy a világ minden pontjáról összegyűlhessenek. Nem a módszer a lényeg: kéz a kézben, szeretetben egyesülünk a közös cél érdekében, hogy életünkkel nagyon szeressük Istent.

A Szeresd Nagyon Istent közössége őszinte, hiteles nőkből áll. Olyan nőkből, akiknek nem egymás felé vannak elvárásaik, hanem egyre jobban vágynak az Úr Jézusra és Isten ismeretére. Ebben pedig az Ő szava az eszköz, mert hiszik, hogy az igazság megváltoztat és szabaddá tesz. Ezek a nők az egységben látják az erőt: Isten igéjével betöltekezve, közösségben egymással.

A Szeresd Nagyon Istent elkötelezett szolgálata továbbá minőségi bibliatanulmányok kiadásával is foglalkozik. Nem engedhetjük, hogy egy nő anyagi helyzete akadályt jelentsen abban, hogy részt vehessen az Ige tanulmányozásában, ezért minden anyagunk ingyenesen elérhető és letölthető a www.szeresdnagyonistent.hu weboldalról.

Könyveink és tanulmányi füzeteink ugyanakkor az Amazonról is megvásárolhatók. Keress rá a „Love God Greatly" címszóra, valamint a kívánt nyelvre, és minden kiadványunkat megtalálod.

ITT NEM TÖKÉLETES NŐKET FOGSZ MEGISMERNI, HANEM OLYANOKAT, AKIK BOCSÁNATOT NYERTEK A BŰNEIKRE.

A Szeresd Nagyon Istent egy nonprofit szervezet. A szolgálat anyagi hátterét felajánlások és az online bibliatanulmányozó naplók és könyvek bevétele biztosítja.

Bevételünk 100%- át arra fordítjuk, hogy támogassuk a Szeresd Nagyon Isten szolgálatát, és hogy az egész világon bátoríthassuk, ösztönözhessük és segíthessük őket Isten igéjével.

Karöltve, kéz a kézben, vágjunk is bele!

KÜLDETÉSÜNK

A SZÜKSÉG

Világszerte nők milliárdjai nem olvashatják anyanyelvükön Isten igéjét. Másoknak ugyan megvan erre a lehetőségük, azonban nincs hozzáférésük olyan bibliatanulmányokhoz, amelyek kimondottan nők számára íródtak.

A KÜLDETÉS

A Szeresd Nagyon Istent bibliatanulmányai több mint 30 nyelven érhetők el. Misszionáriusokat, szolgálócsoportokat, helyi gyülekezeteket és nőket vértezünk fel Isten igéjével minden eddiginél gyorsabb iramban. Hogyan? Úgy, hogy biztosítjuk számukra ingyenesen letölthető anyagainkat.

Nők csoportjai gyűlnek össze, hogy anyanyelvükön, közösen töltekezzenek be Isten igéjével és növekedjenek annak ismeretében.

Hisszük, hogy az Igét olvasó- és gyakorlatba átültető nők által jobbá lesz a világ, ahogyan ők maguk is elfogadják Isten örökkévaló szeretetét. Bizonyosak vagyunk abban, hogy egyetlen Isten igéjével betöltekezett nő is elég ahhoz, hogy változást hozzon a családjába, a közösségébe, a nemzetébe - lépésről lépésre, nőről nőre haladva.

CSATLAKOZZ HOZZÁNK!

Örömmel fogadnánk, ha te is csatlakoznál küldetésünkhöz, hogy világszerte minden nő számára elérhetővé tegyük Isten igéjét és az annak tanulmányozására szolgáló minőségi anyagokat. Ha bármi kérdésed van, esetleg szeretnél többet megtudni, írj nekünk, vagy keresd fel honlapunkat. Szeretettel várunk!

INFO@LOVEGODGREATLY.COM
LOVEGODGREATLY.COM

LGGHUNGARY@GMAIL.HU
SZERESDNAGYONISTENT.HU

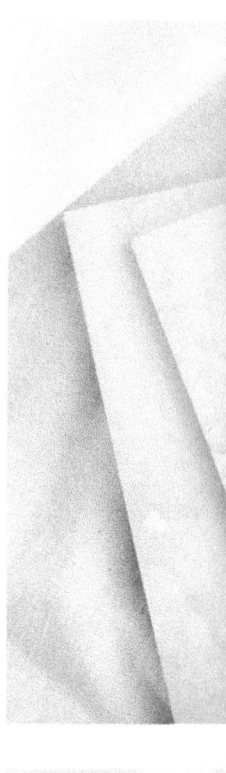

A SZERESD NAGYON ISTENT
CSAPATÁVAL TÖBB MINT 30 NYELVEN
BIZTOSÍTUNK BIBLIATANULMÁNYOKAT

I M Á K

IMÁK bibliaolvasó módszer

Mi, a Szeresd Nagyon Istent szolgálói csoportja, hisszük, hogy Isten szava élő és ható. Hisszük, hogy az Igében erő van. Hatása és időszerűsége minden korszakon és kultúrán átível. Ahhoz viszont, hogy helyesen értelmezzük a Bibliát, szükséges megismernünk, hogy milyen kulturális közegben keletkeztek az eredeti iratok.

Bibliatanulmányozásunkban az IMÁK-módszert használjuk. Az „IMÁK" mozaikszó a következőket fedi: igevers, megfigyelés, átültetés, valamint köszönet vagy kérés. Egy dolog egyszerűen csak olvasni a Bibliából, amikor azonban tudatosan lelassítunk és időt szánunk az elmélkedésre, és engedjük, hogy az olvasottak foglalkoztassanak, akkor az Ige kezd kézzel foghatóvá válni. Az IMÁK-módszer pontosan abban segít, hogy mélyebbre ássunk és többet értsünk meg, mint amennyit akkor látnánk, ha csak átfutnánk az igeverseket. Ugyanakkor eszköz is lehet abban, hogy az Igének ne csupán hallgatói, hanem cselekvői is legyünk (Jakab 1:22).

AZ IGÉVEL ELTÖLTÖTT IDŐ SOSEM ELVESZTEGETETT IDŐ. ISTEN IGÉJE ÉL ÉS HATALMASAN MUNKÁLKODIK. ÁLTALA ISTEN MAGA SZÓL HOZZÁNK.

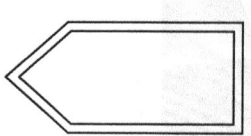

Miután elolvastunk a kijelölt igeszakaszt, ennek a tanulmányozó füzetnek a segítségével alkalmazzuk az IMÁK-módszert az egyes versekre. Így világosabb válik előttünk az Ige üzenete, és hatékonyabban tudjuk majd gyakorlatba ültetni azt, amit megértettünk.

Az IMÁK-módszer két legfontosabb lépése a párbeszédre lépés Isten igéjével, valamint annak gyakorlati alkalmazása. Ezért ne sajnáld az időt a beható tanulmányozásra, mert így egyre inkább megismerheted Isten jellemét és hozzánk való viszonyulását.

Az igetanulmányozás
időnként kihívássá
válhat és talán
nehézségekkel is jár.
Ezért az IMÁK-
módszert használjuk,
ami egyszerűbbé teszi a
tanulmányozást és segít a
lényegre összpontosítani.

Másold le az IMÁK-
nál kijelölt igerészt.

Csodálkozva
tapasztalhatod, hogy
Isten mennyi mindent
képes kijelenteni pusztán
azáltal, hogy lassítasz és
időt szánsz arra, hogy
kézzel leírd, amit olvasol.

IMÁK
1. HÉT • HÉTFŐ

IMÁK / *Jelenések 12:10, 2 Tesszalonika 3:3*
IGEVERS / *másold le az IMÁK-nál kijelölt igerészt*

Jelenések 12:10

„Ekkor erős hangot hallottam a Mennyben. Ezt mondta:
'Most lett a győzelem Istenünké, most mutatta meg az
erejét, most érkezett el királyi uralkodásának ideje! Isten
Messiása most kezdi gyakorolni királyi hatalmát, mert
most dobták le a Mennyből testvéreink Vádlóját, aki éjjel-
nappal vádolta őket Isten előtt.'"

2 Tesszalonika 3:3

„Az Úr azonban hűséges, megerősít és megvéd titeket a
gonosztól!"

MEGFIGYELÉS / *írj le 3-4 gondolatot, megjegyzést*

Erős hang, hatalmas, mindentudó
Éjjel-nappal vád alatt vagyunk — állandó küzdelem
Az Úr megsegít, megerősít és megvéd engem.
Mindig mellettem van
Állandó védelmem és életem megtartója.

32

**M,
MINT
MEGFIGYELÉS**

Mit veszel észre az
elolvasott igeversekben?
Kihez beszél az író?
Vannak-e olyan szavak,
amelyek ismétlődnek?
Melyek azok a szavak,
amelyekre felfigyeltél?

Á,
MINT ÁTÜLTETÉS

Ez az a lépés, amikor az Ige személyessé válik.

Mi az Ige mai üzenete számodra? Hogyan alkalmazhatnád az olvasottakat személyes életedre? Min kellene változtatnod? Mi az, ami beavatkozást igényel?

ÁTÜLTETÉS / *írj le 1-2 gyakorlati alkalmazást*

Emlékeztetni magam arra, hogy Isten ereje és hatalma mindenek felett áll.

Megtanulni az igeverseket, és naponta elismételni őket.

Kérni Istent, hogy erősítse meg a hitemet.

Bízni Istenben, hogy Ő megszabadít a gonosztól

Imádkozni testvéreimért az Úrban

KÖSZÖNET, KÉRÉS / *írd le az imádságodat azzal kapcsolatban, amit megértettél*

Uram,

Köszönöm, hogy biztos pont vagy az életemben, hűséges vagy és szeretsz. Kérlek, napról napra mélyítsd a hitemet és a bizalmamat benned, még a nehéz időkben is.

Segíts felismernem, hogy Te mindig mellettem vagy, őrzöl és védesz. Juttasd eszembe a szenvedőket, és segíts bátorítanom őket a növekedésben

Jézus nevében kérem mindezt

Ámen.

33

K,
MINT KÖSZÖNET VAGY KÉRÉS

Amikor imádkozol és Istenhez beszélsz, használd fel azokat a szavakat, amelyeket Ő mondott. Szánj időt arra, hogy hálát adsz Neki. Ha kijelentett valamit az igetanulmányozás során, foglald azt is imádságba. Ha rámutatott valamilyen bűnödre, valld meg. Mindeközben ne feledd, hogy Ő mérhetetlenül szeret téged.

BIZONYSÁGTÉTEL

*SZNI Burmai
csapatának vezetője*

Az Úr Mianmarba hívta a családomat, hogy misszionáriusok legyünk. Miután ideköltöztünk, hamar rájöttem, milyen nehéz a nyelv, és kétségbe vontam a képességemet, hogy megtanuljam. Isten azonban egy vágyat helyezett a szívembe, hogy az Ő Szava által elérjem a mianmari nőket.

Elkezdtem vezetni a Burmai Szeresd Nagyon Istent csapatát, csupán hit által. Semmit sem tudtam a fordításról, de tudtam, hogy Isten vezetett ide. Szóval engedelmeskedtem, annak ellenére, hogy nem értettem a részleteket.

Két év küszködés után már azt fontolgattam, hogy feladom. A fordítói csoportom belőlem és egy másik nőből állt, és még mindig küszködtem a nyelvvel. Miután időt töltöttem más Szeresd Nagyon Istent csoportok vezetőivel, szélhámosnak éreztem magam. Ki voltam én ezekhez az istenfélő nőkhöz képest? Én még a nyelvet sem ismertem!

Elkezdtem imádkozni egy Isten iránti szenvedéllyel rendelkező nőkből álló csapatért, akik megbecsülik Isten Igéjét és látják maguk előtt a Szeresd Nagyon Isten vízióját. Felbátorodva távoztam, de még mindig alkalmatlannak éreztem magam.

Tudtam, hogy ahhoz, hogy előrébb jussunk, a csapatban mindenkinek szenvedélye kell legyen az Úr szolgálata.

A következő hónapot váratlanul a kórházban töltöttem a férjemmel, aki életveszélyes helyzetbe került. Isten Igéjébe merültem, és könyörögtem Istennek a férjemért. Elárasztott a támogatás, amit a Szeresd Nagyon Istent csapatától kaptam. Nemcsak imádkoztak a családomért, hanem mellém álltak, és segítettek egy új csapat felépítésében. Többé nem voltam egyedül.

TÖBBÉ NEM VOLTAM EGYEDÜL.

Az életem továbbra is nehézségek hullámvasútja volt, de az Úr körülvett azokkal a nőkkel, akikért imádkoztam. A legtöbb nőt már évek óta ismertem, de soha nem léptem ki és kértem meg őket, hogy szolgáljanak velem. Néha nem tudjuk vagy nem értjük miért hív el minket Isten bizonyos dolgokra, de dönthetünk úgy, hogy bízunk Benne és követjük Őt, bármi történjék is.

Vicky

NYELV
Burmai

BESZÉLŐK
VILÁGSZERTE
32,353,000

KAPCSOLAT:
Facebook: facebook.com/lgg.burmese
Email: lggburmese@gmail.com
Website: lovegodgreatly.com/burmese

SZNI FŐHADISZÁLLÁS

Ismersz olyan valakit, akinek hasznára lehetne a Szeresd Nagyon Istent bibliatanulmány burmai nyelven?

Ha igen, mesélj neki arról, milyen nagyszerű tanulmányok segítenek minket felfegyverkezni Isten szavával!

SZOLGÁLATUNK VILÁGSZERTE

*SZNI Burmai
csapatának vezetője*

BANGLADES

MIANMAR

THAIFÖLD

HOGYAN IMÁDKOZHATSZ ÉRTÜK?

- Imádkozz, hogy Isten adjon bölcsességet és vezetést ennek a csoportnak.
- Imádkozz, hogy több önkéntes segítse a munkájukat a közösségi média, a weboldal, a fordítás és a lektorálás területén.
- Imádkozz, hogy Isten használhassa a csapattagok egyedi ajándékait az Ő dicsőségére.
- Imádkozz, hogy az SZNI mianmari tagjai biztonságban legyenek, és hogy Isten továbbra is adjon nekik kitartást és hitet a megpróbáltatások idején.

SZERETNÉL SEGÍTENI?

info@lovegodgreatly.com

Rizspuding

HOZZÁVALÓK

1 ½ CSÉSZE FŐTT RIZS

2 CSÉSZE TEJ (MEGOSZTVA)

1/3 CSÉSZE CUKOR

¼ TEÁSKANÁL SÓ

1 TOJÁS

1 EVŐKANÁL VAJ

½ EVŐKANÁL VANÍLIA

½ TEÁSKANÁL ŐRÖLT FAHÉJ

ELKÉSZÍTÉS

Közepes hőmérsékleten kezdjük el főzni a rizst, másfél csésze tejet, a cukrot és a sót.

Főzzük 15-20 percig, míg be nem sűrűsödik.

Ezután adjuk hozzá a maradék fél csésze tejet és a tojást.

Folyamatos kevergetés mellett főzzük további 2 percig, majd vegyük takarékra.

Vegyük le a tűzhelyről, és adjuk hozzá a vaníliát, őrölt fahéjat és a vajat.

Még ízletesebbé tehetjük, ha a tetejére mazsolát, gyümölcsöt, diót, mogyorót teszünk, esetleg egy kevés tejet öntünk.

IGAZSÁGOK, AMELYEKET ISMERNED KELL

ISTEN SZERET TÉGED

Isten igéje szerint: „Mert Isten úgy szerette az embereket, hogy az egyszülött Fiát adta oda cserébe értük, hogy aki hisz a Fiában, az ne pusztuljon el, hanem örök életet kapjon" (János 3:16).

BŰNEINK ELVÁLASZTANAK MINKET ISTENTŐL

Mindannyian bűnösök vagyunk: bűnösek mind természetünk, mind pedig tudatos döntéseink miatt. Éppen ezért szakadék tátong közöttünk és Isten között, aki szent. A Biblia így ír erről: „Hiszen minden ember vétkezett, és emiatt nem méltó arra, hogy Isten dicsőségében részesüljön" (Róma 3:23).

JÉZUS AZÉRT HALT MEG, HOGY ÉLETÜNK LEGYEN

A bűn következménye halál, de Isten mindannyiunknak felajánlja a megváltás ajándékát, méghozzá teljesen ingyen. Az Úr Jézus magára vette bűneink büntetését, amikor meghalt a kereszten.

Isten igéje mondja: „A bűn szolgálatáért járó bér a halál, Isten kegyelmének ingyen ajándéka ellenben az örök élet — Urunkban, Krisztus Jézusban" (Róma 6:23); „Isten azonban azzal mutatta meg, mennyire szeret bennünket, hogy Krisztus már akkor meghalt értünk, amikor mi még bűneinkben éltünk" (Róma 5:8).

JÉZUS ÉL!

A halálnak nem volt ereje az Úr Jézus felett: bár testét sírba helyezték, három nap múlva feltámadt, ezáltal örökre legyőzve a bűnt és a halált. Jézus most a mennyben van, ahol helyet készít azok számára, akik hisznek Benne.

Az Úr Jézus mondta: „Atyám házában sokak számára van lakóhely. Ha nem így volna, megmondtam volna nektek. Most elmegyek, hogy helyet készítsek a számotokra. Miután elkészítettem, visszajövök értetek, és magammal viszlek titeket, hogy ahol én vagyok, ott legyetek ti is" (János 14:2–3).

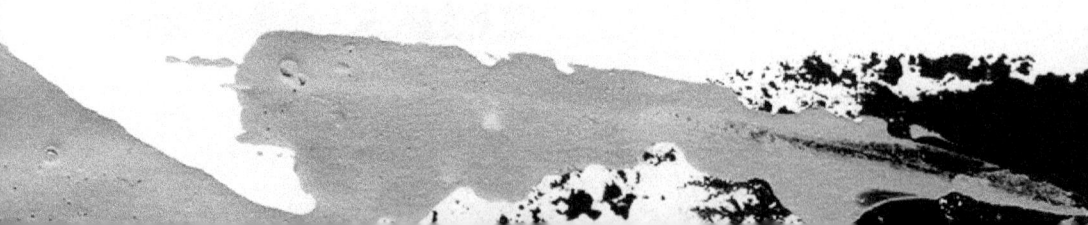

BOCSÁNATOT NYERHETSZ

Amikor elfogadod az Úr Jézust, mint Megváltódat, akkor az nem arról szól, hogy te mit teszel vagy mire lennél képes. Elfogadni Őt azt jelenti, hogy hiszel abban, amit Jézus érted már megtett. Azt jelenti, hogy felismered bűnösségedet, elhiszed, hogy Jézus ezért halt meg a kereszten, és teljes bizalmadat Jézus érted elvégzett váltságmunkájába veted, így kérve, hogy bocsássa meg a bűneidet.

A Bibliában erről így olvasunk: „Ha tehát megvallod, hogy Jézus az Úr, mert a szívedben hiszed, hogy Isten feltámasztotta őt a halálból, akkor üdvözülsz. Mert belül, a szívünkben jön létre az a hitbeli meggyőződés, amely Isten számára elfogadhatóvá tesz bennünket, és ha a szánkkal megvalljuk, amit hiszünk, akkor üdvözülünk" (Róma 10:9–10).

FOGADD EL KRISZTUS AJÁNDÉKÁT, A MEGVÁLTÁST

Hogy is néz ki mindez a gyakorlatban? Őszinte szívvel, egyszerűen imádkozz. Akár a következőket is mondhatod:

Úr Jézus,
Tudom, hogy bűnös vagyok. De egyetlen napig sem szeretnék tovább úgy élni, hogy nem fogadom el szeretetedet és megbocsátásodat, amelyeket felajánlasz. Kérlek, bocsáss meg. Elhiszem, hogy a bűneimért haltál meg, és feltámadtál a halálból. Mindent átadok Neked, és arra kérlek, hogy Te légy az Úr az életem felett. Segíts elfordulni a bűneimtől és követni Téged. Taníts szabadságodban járni, ahogy napról napra kegyelmedben élek, és adj növekedést a Te utadon, ahogy egyre jobban vágylak megismerni.
Ámen.

KAPCSOLAT ÉS NÖVEKEDÉS

Ha elmondtad ezt az imádságot (vagy egy hasonlót a saját szavaiddal megfogalmazva), szeretnénk kapcsolatba lépni veled!

Keress meg minket az lgghungary@gmail.com e-mail-címen. Szeretnénk együtt ünnepelni és imádkozni veled, valamint segíteni abban is, hogy csatlakozhass egy helyi gyülekezethez. Itt vagyunk, hogy támogassunk az új úton, amelyen elindultál. Most már Isten gyermeke vagy!

Vágjunk bele!

ISTENBE VETETT BIZALOM A SZENVEDÉSEK IDEJÉN

Bevezetés

Bármerre nézünk, úgy tűnik, a szenvedés mindenütt ott van körülöttünk. Ha bekapcsoljuk a tévét, ott van az esti hírekben. Minden egyes nap egyre több halálesetről, több harcról és több viszályról hallunk – függetlenül attól, hogy melyik országról, városról vagy népről van szó. Ha felmegyünk az internetre, szenvedést látunk a képeken, a népszerű videókban és a vallomásokban, amelyeket megosztanak az emberek. Amikor egymás arcára nézünk, láthatjuk a szenvedés nyomait.

Sokunk számára úgy tűnik, hogy elveszítettük az irányítást a világ felett és a helyzet napról-napra rosszabb. A szenvedés, amelynek szemtanúi és megtapasztalói vagyunk, nyomasztó lehet. Úgy tűnik, mintha az egyik szívszorító esemény szülné a másikat, és sokan elkezdenek azon gondolkodni, vajon hol van Isten a sok baj között. Látja-e Isten a rengeteg fájdalmat, gonoszságot és szenvedést, amelyen az emberek keresztülmennek? Vagy ami még rosszabb: érdekli Őt egyáltalán?

Mindannyian sok vihart éltünk át. Egy világjárvány, természeti katasztrófák, munkahelyváltás, költözés, elveszett kapcsolatok, halálesetek, egészségügyi gondok – jól ismerjük a bánatot és a fájdalmat, amelyet ezek az események okoznak. Vannak napok, amikor úgy érezzük, hogy már túl sok és nem tudjuk elhordozni. A szenvedés megtanított, hogy új módon kiáltsak Istenhez. Az események – nemcsak a személyes életemben, hanem a világszerte zajlók is – vágyat ébresztettek bennem, hogy többet tudjak meg a panaszkodásról.

Szenvedéseim közepette, amikor szavakba próbáltam önteni a szívemet elöntő bánatot, sokszor a Zsoltárokhoz fordultam. Számos esetben azon kaptam magam, hogy Dávid panaszzsoltárait olvasom és egyetértően bólogatok. Korábban soha nem tudtam úgy megérteni a Jeremiás siralmaiban az összetört szív bánatát, mint most.

A szenvedés célja az, hogy elbukjunk. De nem kell, hogy így legyen!

Imádkozom azért, hogy végig haladva ezen a tanulmányon megtanuld, hogy egészséges dolog az Úrhoz kiáltani, amikor bánat sújt, összetörik a szíved, igazságtalanság és fájdalom ér. Dávid, Jeremiás és Pál jó példa arra, hogy miért fontos panaszkodni a szenvedéseink közepette. Hozzájuk hasonlóan én is azért imádkozom, hogy tanulj meg sokkal jobban bízni Istenben, és végül még a bánatodban is tudj örülni.

> *IMÁDKOZOM, HOGY TANULJ MEG SOKKAL JOBBAN BÍZNI ISTENBEN, ÉS VÉGÜL MÉG A BÁNATODBAN IS TUDJ ÖRÜLNI!*

Nem vagy egyedül a fájdalmaddal, az összetört szíveddel és a szenvedéseddel. Jézus már megjárta ezt az utat előtted, és végig fogja járni veled, ott lesz minden lépésnél. Azt, amit a Sátán azért tervez, hogy tönkretegyen minket, Isten arra fogja felhasználni, hogy megerősítse a mi hitünket. Kiálts hát az Úrhoz, amikor szenvedsz; nem kell többé visszatartanod a könnyeidet! Jézus megért téged és veled együtt bánkódik. Imádkozom, hogy e tanulmány segítségével te is megtanulj Istenben bízni a szenvedések közepette és rendszeresen gyakorold a panaszkodást.

1. HÉT

○ *Hétfő: Emlékezni Isten hűségére*
Olvasd el: Zsoltárok 77
IMÁK: Zsoltárok 77:10–11

○ *Kedd: Miért, ó Uram?*
Olvasd el: Zsoltárok 10
IMÁK: Zsoltárok 10:1

○ *Szerda: Erőnk forrása*
Olvasd el: Zsoltárok 22
IMÁK: Zsoltárok 22:19

○ *Csütörtök: Egy bűnbánó szív*
Olvasd el: Zsoltárok 51
IMÁK: Zsoltárok 51:17

○ *Péntek: Meddig, ó Uram?*
Olvasd el: Zsoltárok 13
IMÁK: Zsoltárok 13:5

2. HÉT
Sírni tanulni

○ *Hétfő: Az Úr haragja*
Olvasd el: Jeremiás siralmai 1
IMÁK: Jeremiás siralmai 1:12

○ *Kedd: Siralom és pusztulás*
Olvasd el: Jeremiás siralmai 2
IMÁK: Jeremiás siralmai 2:11

○ *Szerda: Nagy az Ő hűsége*
Olvasd el: Jeremiás siralmai 3
IMÁK: Jeremiás siralmai 3:21–24

○ *Csütörtök: A szenvedés mélységei*
Olvasd el: Jeremiás siralmai 4
IMÁK: Jeremiás siralmai 4:17

○ *Péntek: Állíts helyre minket, Urunk!*
Olvasd el: Jeremiás siralmai 5
IMÁK: Jeremiás siralmai 5:21

3. HÉT

A bizalomhoz fordulni

○ *Hétfő: Eljövendő dicsőségünk*
Olvasd el: Róma 8:18–39
IMÁK: Róma 8:18

○ *Kedd: Kitartás a reménységben*
Olvasd el: Róma 8:18–39
IMÁK: Róma 8:24–25

○ *Szerda: Segítség a gyengeségben*
Olvasd el: Róma 8:18–39
IMÁK: Róma 8:26

○ *Csütörtök: Bízni Isten szuverenitásában*
Olvasd el: Róma 8:18–39
IMÁK: Róma 8:31–32

○ *Péntek: Isten szeretetének hatalma*
Olvasd el: Róma 8:18–39
IMÁK: Róma 8:38–39

4. HÉT

A dicsőítést választani

○ *Hétfő: Sírásból táncot*
Olvasd el: Zsoltárok 30
IMÁK: Zsoltárok 30:11–12

○ *Kedd: Emlékezni az Ő hűségére*
Olvasd el: Zsoltárok 9
IMÁK: Zsoltárok 9:10

○ *Szerda: A szabadulás ünneplése*
Olvasd el: Zsoltárok 116
IMÁK: Zsoltárok 116:12–13

○ *Csütörtök: Dicsérjétek az Urat!*
Olvasd el: Zsoltárok 106
IMÁK: Zsoltárok 106:48

○ *Péntek: Aki méltó a dicséretre*
Olvasd el: Zsoltárok 145
IMÁK: Zsoltárok 145:2–3

CÉLOK

Ahogy napjaidat igetanulmányozással kezded, mire szeretnél összpontosítani? Írj le három ilyen célt, és igyekezz, hogy ne veszítsd őket szem elől a következő hetek során. Menni fog!

EGY

....
....
....
....
....
....
....

KETTŐ

....
....
....
....
....
....
....

HÁROM

....
....
....
....
....
....
....

„Örökkévaló,
ne légy messze
tőlem! Te vagy
erőm, siess
segítségemre!"

Zsoltárok 22:19

*Írd le azokat a dolgokat, amelyekért ezen
a héten imádkozol és hálát adsz.*

....

....

....

....

....

....

....

....

....

....

....

....

HETI KIHÍVÁS

*Gondolj vissza az életed valamely időszakára, amikor a szenvedés megnehezítette az Istenhez való
közeledésedet! Jegyezd fel azokat a nehéz kérdéseket, amelyeket feltettél, és amelyek látszólag nem azt
az Istent tükrözik, akit ismersz. Ezen a héten szánj időt arra, hogy ezeket a panaszokat imádságba
foglalva átadod Istennek.*

....

....

....

....

....

....

Zsoltárok 77.

A zenészek vezetőjének, Jedútúnnak: Ászáf zsoltára. 1 Teljes erőmből kiáltok Istenhez segítségért! Istenhez kiáltok, mert meghallgat engem! 2 Az Urat keresem, mikor bajok vesznek körül, kezeimet egész éjjel hozzá emelem, könyörgök szüntelen. Csak ő tudja megvigasztalni lelkemet! 3 Istenre emlékezem, róla gondolkodom, imádkozni próbálok, de csak sóhajtozok, és szellemem nyugtalan. Szela 4 Ébren tartasz, Istenem, nem jön szememre álom, s oly zaklatott vagyok, szólni sem tudok. 5 Ha gondolkodom a régi időkön, az elmúlt korok napjain, 6 éjjelente régi énekeimet éneklem újra, szellemem választ keres, és magammal vitatkozom. 7 Végleg elfordult tőlünk az Úr? Már nem kedvel többé? 8 Kiapadt hűsége és szeretete? Nem szól hozzánk többé soha? 9 Véget ért Isten könyörülete? Szánalmát és szeretetét elnyomta haragja? Szela 10 Azt mondom végül: a Felséges jobb keze megváltozott, s már nem mozdul értünk, ettől félek én! 11 Pedig jól emlékszem az Örökkévaló csodáira.   Emlékszem félelmetes régi tetteire. 12 Végiggondolom minden tettedet, Örökkévaló, ezekről elmélkedem. 13 Bizony, minden utad szent, ó, Isten! Senki sem hasonlítható hozzád! Kicsoda olyan hatalmas, mint a mi Istenünk?! 14 Te vagy az Isten, aki csodákat teszel! Látta is minden nép hatalmadat! 15 Megmentetted karoddal népedet: Jákób és József gyermekeit! Szela 16 Láttak téged a vizek, Isten,   és remegtek a félelemtől!   Még a nagy mélységek is felkavarodtak. 17 Sűrű fellegekből záporeső hullott, dörgött az ég, s villámaid nyilai cikáztak. 18 Mennydörgő hangod hallatszott a forgószélben, megvilágítottad a földet villámaiddal, remegett és reszketett a föld. 19 Átmentél a tengeren, Isten, átkeltél a mély vizeken,   de lépteid nem hagytak nyomot! 20 Vezetted népedet, mint a nyájat, Mózes és Áron kezével!

IMÁK

1. HÉT • HÉTFŐ

IMÁK / *Zsoltárok 77:10–11*
IGEVERS / *másold ki az IMÁK-nál kijelölt igerészt*

MEGFIGYELÉS / *írj le 3-4 gondolatot, megjegyzést*

ÁTÜLTETÉS / *írj le 1-2 gyakorlati alkalmazást*

KÖSZÖNET, KÉRÉS / *írd le az imádságodat azzal kapcsolatban, amit megértettél*

IMÁK

Zsoltárok 77:10–11

„Azt mondom végül: a Felséges jobb keze megváltozott, s már nem mozdul értünk, ettől félek én! Pedig jól emlékszem az Örökkévaló csodáira. Emlékszem félelmetes régi tetteire."

ELMÉLKEDÉS

Meglephet és sokkolhat minket, amikor a Bibliának ezeket a nyers, őszinte, sebzettségről árulkodó szavait olvassuk. Legtöbben nem hallunk a 77. zsoltárhoz hasonló imádságot a gyülekezetünkben, ezért bizonytalanok lehetünk abban, hogy egyáltalán illik-e így beszélni Istenhez.

Ezeket a zsoltárokat olvasva kétségbeesett, bánatos kiáltozást látunk. Az írók biztosak voltak Isten jellemében. Amikor viszont a körülményeik látszólag nem voltak összhangban azzal, amit Istenről tudtak, siránkoztak.

Miközben együtt tanulunk a siránkozásról, váljunk olyan asszonyokká, akiknek annyira biztos kapcsolata van Istennel és úgy bíznak az Ő ígéreteiben, hogy szabadon, bibliai módon tudunk bánkódni a világ szenvedései miatt.

A 77. zsoltár betekintést enged abba, hogy milyen is az igazi bibliai siralom. Ez a zsoltár gyakorlati példája annak, hogyan gyakorolhatjuk mi is a siránkozást az életünkben. A siránkozás egyszerűen azt jelenti, hogy megosztjuk az Úrral megtört szívünket. Ez Isten embereinek a nyelve, akik ismerik és szeretik az Urat, és tisztában vannak azzal, hogy milyen megromlott, sötét világban élünk. Az életnek nem ilyennek kellene lennie. A bűn világba lépésével minden örökre megváltozott. Az életet, amelyet Isten elképzelt a számunkra, örökös fájdalom és szenvedés kíséri.

Isten azonban, az Ő nagy könyörületéből és kegyelméből megmutatta nekünk, hogyan tudunk bibliai módon megküzdeni ezekkel az érzésekkel, helyzetekkel és fájdalmakkal. A siránkozás eszközét adta nekünk.

A mai igerészünk zsoltárosa arra emlékeztet, hogy amikor úgy érezzük, minden elveszett – amikor már nem gondoljuk, hogy megjavulhatnak a dolgok, amikor összetört a szívünk és mély sebeket ütött rajtunk és a körülöttünk lévőkön a bűn – akkor is emlékezhetünk az Úr csodálatos tetteire. Erre kapunk bátorítást. Fontos, hogy eszünkbe jusson, mi mindent tett a múltban Isten, hiszen tudjuk, hogy Ő hűséges; ha valamit egyszer már megtett, megteszi újra. Csak akkor tudunk emlékezni, ha először felhalmozzuk ezt a tudást az elménkben és a szívünkben is. Ezért is olyan fontos a naponkénti igeolvasás Krisztus tanítványainak az életében.

Siránkozhatunk hittel, tudva, hogy Istenünk sosem hagy cserben vagy pártol el tőlünk, és biztosak lehetünk abban, hogy Ő hűséges marad és uralkodik mindenek felett.

Zsoltárok 10.

Örökkévaló, miért vagy oly messze tőlem? Miért rejtőzöl el, mikor bajok érnek? 2 Milyen elbizakodottan üldözik a gonoszok a szegényt! Essenek áldozatul ők maguk gonosz terveiknek! 3 Hogy dicsekednek a gonoszok lelkük kívánságaival! Bizony, a telhetetlen emberek átkozzák és megvetik az Örökkévalót! 4 A gonoszok elbizakodottságukban nem kérik Isten segítségét. Gőgösen azt gondolják: „Nincs Isten, ne is törődjünk vele!" 5 Mindig tekervényes utakon járnak, Isten ítéleteivel nem törődnek,   tanításait semmibe veszik. 6 Azt gondolják, őket nem érheti baj, bármit tesznek, nincs, aki megbüntesse őket. 7 Szájuk tele átkozódással, csalással, káromkodással; nyelvükön hamisság és bűn. 8 Leselkednek a sikátorokban, ártatlanokat gyilkolnak titokban, lesik következő áldozatukat. 9 Lapulnak, mint oroszlán a bozótban, lesik zsákmányukat, hogy rárohanjanak, megragadják, és elhurcolják a szegényeket. 10 Bizony, ha szerencsétlen áldozatuk   karmuk közé kerül, erejükkel földre tiporják,   szétzúzzák és összetörik! 11 Azt gondolják magukban: „Isten nem törődik velünk, ide sem néz, meg se látta ezt!" 12 Kelj fel Örökkévaló! Istenem, emeld fel kezed! Ne feledkezz el a szegényekről, akiket a gonoszok összetörtek! 13 Ne gúnyolhasson téged a gonosz, Istenem! Ne mondhassa magában: „Isten úgysem büntet meg ezért soha!" 14 Pedig te jól láttad mindezt, Istenem!   Láttad a sok fájdalmat és szenvedést! Bizony, kinyújtod kezed,   segítesz a szegényeken, mert te vagy, Örökkévaló, az árvák és elhagyottak gondviselője! 15 Törd el a gonosz karját,   Örökkévaló! Pusztítsd ki a gonoszokat,   hogy nyomuk se maradjon! 16 Az Örökkévaló örökké uralkodik,   kipusztítja országából a gonoszokat! 17 Örökkévaló, te meghallgattad   az alázatos szegények kívánságát. Szívüket erősítsd meg,   és teljesítsd kérésüket! 18 Ítélj az árvák és elnyomottak javára, hogy a földi emberek ne nyomorgassák őket többé!

IMÁK

1. HÉT · KEDD

IMÁK / *Zsoltárok 10:1*
IGEVERS / *másold ki az IMÁK-nál kijelölt igerészt*

MEGFIGYELÉS / *írj le 3-4 gondolatot, megjegyzést*

ÁTÜLTETÉS / *írj le 1-2 gyakorlati alkalmazást*

KÖSZÖNET, KÉRÉS / *írd le az imádságodat azzal kapcsolatban, amit megértettél*

IMÁK

Zsoltárok 10:1

„Örökkévaló, miért vagy oly messze tőlem?
Miért rejtőzöl el, mikor bajok érnek?"

ELMÉLKEDÉS

Az élet nehéz. Elfáradunk, elvonják a figyelmünket, megviselnek minket a dolgok. Időnként úgy érezhetjük, hogy Isten távol van és hallgat. Törődik velünk egyáltalán? Miért engedi, hogy szenvedjünk? Nem tudna tenni valamit? Mindannyian küzdöttünk már ezekkel a kérdésekkel életünk során – talán most is éppen egy ilyen harcban vagyunk.

Nagy vigasz olvasni a Zsoltárok 10:1-et, tudni, hogy ez is benne van a Bibliában. Reménnyel tölthet el bennünket a tudat, hogy nem vagyunk egyedül. Nem te vagy az egyetlen, aki felteszi ezeket a kérdéseket és ilyen dolgokon elmélkedik.

Vannak olyan idők és helyzetek, amik előtt megdöbbenve állunk és nem értjük, hogy Isten miért nem tesz valamit, miért nem gyógyít, állít helyre és szabadít meg. Ismerjük az Ő jellemét, és az, amit tudunk, nincs összhangban azzal, ami a körülöttünk lévő világban történik – hogyan maradhat csendben Isten?

Ilyen időkben a siralom segíthet, hogy a szívünk megnyugodjon a hitben és engedelmes maradjon Isten Szavának. Isten mindig mozgásban van, mindig munkálkodik, és sosincs távol. A 2 Mózes 34:6-ban Isten úgy jellemzi magát, mint „JAHVE, JAHVE, a könyörülő és kegyelmes Isten, kinek türelme hosszan tart, szeretete nagy, és hűsége hatalmas!" Emlékeznünk kell erre! Emlékeznünk kell a jellemére, mindenre, amiről tudjuk, hogy igaz, és a csodálatos dolgokra, amiket tett, nem csak a mi életünkben, de a történelem során mások életében is, és azokéban, akiknek sorsát megörökítette a Biblia.

Isten Igéjének olvasása és mindennapi elmélyült tanulmányozása nem csupán kedves keresztyén szokás. Ez egy női harcos erőteljes magatartása, azé a nőé, aki hozzád hasonlóan ebben a megromlott világban él, de bízik a jó, szerető és mindenható Istenben. Gyakoroljuk hát a siránkozást azokban az időkben, amikor úgy érezzük, hogy az Úr hallgat és messze van, bízva abban, amiről tudjuk, hogy igaz: Ő könyörületes, nagylelkű, lassú a haragra, és bőven árasztja ránk hűségét és szeretetét.

Zsoltárok 22.

A zenészek vezetőjének. A „Hajnali szarvas" kezdetű ének dallamára. Dávid zsoltára. 1Istenem, ó, Istenem, miért hagytál egyedül? Oly távol vagy, miért nem mentesz meg? Nem hallod segélykiáltásomat?! 2 Istenem, segítségért kiáltok nappal, kiáltok hozzád éjjel is, de nem felelsz! 3 Istenem, te vagy a Szent, te vagy a Király! Izráel dicséretei vesznek körül trónodon! 4 Benned bíztak őseink, rád támaszkodtak, és te megmentetted őket. 5 Hozzád kiáltottak segítségért, és megmenekültek ellenségeiktől. Hittek és nem csalódtak benned. 6 De én féreg vagyok, nem ember! Undorodik tőlem, csúfol és gyaláz mindenki! 7 Aki csak lát, gúnyolódik rajtam, fejét csóválja, és nyelvét ölti rám. 8 Azt mondják: „Most hívd az Örökkévalót segítségül! Majd csak megment téged! Ha tényleg annyira kedvel, biztosan megszabadít!" 9 Istenem, te vagy, aki anyám méhéből kihozott! Te biztattál, amíg ő szoptatott! 10 Te vettél a karjaidba, születésemtől fogva te vagy Istenem! 11 Ne légy messze tőlem, mert közel a veszedelem, és nincs, aki segítsen! 12 Dühös bikák vettek körül, bekerítettek a básáni bivalyok! 13 Tátott szájjal rohantak rám, mint zsákmányra az ordító oroszlán. 14 Olyanná lettem, mint a kiöntött víz: minden erőm elhagyott! Csontjaim kificamodtak, szívem megolvadt, mint a viasz. 15 Szájam kiszáradt, mint a cserép, nyelvem ínyemhez tapadt. Bizony, a halál porába fektettél engem! 16 Kutyák gyűltek körém, a gonoszok csapata bekerített, átszúrták kezemet, lábamat. 17 Csontjaim mind kilátszanak, ők meg csak néznek és bámulnak rám! 18 Ruháim elosztják maguk között, köntösöm kisorsolják. 19 Örökkévaló, ne légy messze tőlem! Te vagy erőm, siess segítségemre! 20 Mentsd meg életem a kard élétől, lelkem a kutyák körme közül! 21 Szabadíts ki az oroszlán torkából! A bivalyok szarvait látom, de tudom, hogy meghallgattál engem! 22 Megmentettél, Örökkévaló! Hirdetni fogom nevedet testvéreimnek, dicsérlek téged, mikor a testvérek összegyűlnek! 23 Dicsérjétek az Örökkévalót, akik félitek és tisztelitek őt! Jákób utódai, mind dicsőítsétek, Izráel utódai, tiszteljétek őt félelemmel! 24 Mert az Örökkévaló nem fordul el a szegényektől, nem utálja meg az alázatosokat, mikor bajban vannak! Nem rejtőzik el előlük, ha segítséget kérnek tőle! Meghallgatja őket, mikor hozzá kiáltanak! 25 Téged dicsérlek, Örökkévaló, a nagy gyülekezetben! Összegyűlt imádóid előtt megadom, amit fogadtam neked. 26 Jöjjetek, szegények és alázatosak, lakjatok jól! Jöjjetek mind, akik dicséritek az Örökkévalót, viduljon fel szívetek örökre! 27 Jöjjetek ti is, akik távoli földeken éltek, emlékezzetek az Örökkévalóra, és forduljatok hozzá! Jöjjön a Föld minden családja, minden népe, hajoljon meg előtted, és téged imádjon, Örökkévaló! 28 Mert az Örökkévalóé a királyi hatalom, és uralkodik minden nép fölött! 29 Eljönnek mind a gazdagok és erősek, esznek, és meghajolnak előtte. Azok is, akik a halál kapujában állnak, és akik már meghaltak, bizony, mind meghajolnak az Örökkévaló előtt! 30 Messze a jövőben, még utódaink is őt szolgálják, az Örökkévaló dicsőségéről beszélnek fiaiknak. 31 Igen, jönnek, és az Örökkévaló hatalmas tetteit tanítják a születendő nemzedéknek!

NAPLÓ
gondolataid

....
....
....
....
....
....
....
....
....
....
....
....
....
....
....
....
....

IMÁK

IMÁK / *Zsoltárok 22:19*
IGEVERS / *másold ki az IMÁK-nál kijelölt igerészt*

_____

_____

_____

_____

_____

_____

_____

_____

_____

_____

_____

_____

_____

_____

_____

_____

MEGFIGYELÉS / *írj le 3-4 gondolatot, megjegyzést*

_____

_____

_____

_____

_____

_____

_____

_____

ÁTÜLTETÉS / *írj le 1-2 gyakorlati alkalmazást*

KÖSZÖNET, KÉRÉS / *írd le az imádságodat azzal kapcsolatban, amit megértettél*

IMÁK

Zsoltárok 22:19

„Örökkévaló, ne légy messze tőlem! Te vagy erőm, siess segítségemre!"

ELMÉLKEDÉS

A mai IMÁK vers erőteljes kijelentés egy olyan zsoltár közepén, amit nehéz olvasni. Olyan sok az igazságtalanság, olyan sok a baj és a szenvedés! A zsoltáros mégis azt írja: „Örökkévaló...". Bízik az Úr erejében és tőle várja a segítséget.

A zsoltár első szavai emlékeztetnek minket arra, hogy a mi Urunk és Megváltónk, Jézus Krisztus milyen szenvedéseket élt át keresztre feszítése során. Dávidnak a 22. zsoltárbéli szavait használva kiáltott fel: „Istenem, Istenem, miért hagytál el engem?" (Máté 27:46). Nagy kiváltság, hogy a Zsoltárok helyet kaptak a Bibliában és szabadon olvashatjuk, használhatjuk ma is a saját siralmainkban és szenvedésünkben, tudván, hogy Jézus is ugyanezekre a szavakra gondolt a halála előtti pillanatokban.

Erő és biztos hit van abban, amikor megvalljuk, hogy bár nem látjuk és nem érezzük, de mégis tudjuk, hogy igaz. A Zsidók 11:1 így írja le a hitet: „Hinni pedig azt jelenti, hogy bizonyosak vagyunk abban, amit remélünk." Mint Isten népe, szentek és szeretettek vagyunk, ezért hinnünk kell a próbák és a szenvedések között is, valamint emlékeznünk és megvallanunk, hogy kicsoda Isten. El kell mondanunk ezt a saját meggyötört, levert lelkünknek is és bizonyságot kell tennünk erről újra és újra a körülöttünk élőknek, beleértve a szeretteinket, a családjainkat, a barátainkat és a közösségeinket.

Amikor a körülöttünk élők azt látják, hogy nagy fájdalmakon és szenvedéseken megyünk keresztül, de mégsem törünk össze (2 Korinthus 4:8–10), akkor Isten példaként mutathatja nekik az életünket és a hitünket, Önmagára irányítva azok figyelmét, akik szeretnék megérteni erőnk forrását.

Legyünk olyan nők, akik hűségesek és reményteljesek maradnak még a legnehezebb körülmények között is. Emlékezzünk mindig arra, hogy a mi drága Megváltónk is a zsoltárokhoz fordult vigaszért a kereszten, a legnagyobb fájdalmak és a haldoklása közben. Kövessük hát az Ő példáját és forduljunk Isten Igéjéhez a saját fájdalmunkkal, szenvedésünkkel és kérdéseinkkel!

Zsoltárok 51.

A zenészek vezetőjének. Dávid zsoltára, abból az időből, amikor Nátán próféta nála járt, miután Dávid vétkezett Betsabéval. 1 Istenem, kérlek, könyörülj rajtam hűséges szereteted szerint! Töröld el bűneimet nagy irgalmad szerint! 2 Mosd le rólam összes bűnömet, tisztíts meg minden vétkemtől! 3 Tudom, hogy vétkeztem, és folyton a bűnömre gondolok. 4 Ellened vétkeztem, Örökkévaló, csak ellened vétkeztem! Azt tettem, amit gonosznak tartasz, igazad van, ha elítélsz. Igen, jogosan elítélhetsz engem. 5 Bizony, bűnnel borított világba születtem, körülvett a bűn, mikor anyám megfogant velem. 6 Istenem, azt kívánod, hogy lelkem legbelső része is igaz legyen, taníts hát a szívem mélyén bölcsességre! 7 Tisztíts meg bűneimtől izsóppal, hogy tiszta legyek! Moss meg engem, és fehérebb leszek a hónál! 8 Hadd halljak ismét örömöt és boldogságot! Hadd örüljenek újra csontjaim, amelyeket összetörtél! 9 Ne nézz bűneimre! Töröld el minden vétkemet! 10 Teremts bennem tiszta szívet, Istenem! Újítsd meg, erősítsd meg szellememet! 11 Ne taszíts el magadtól, kérlek, ne vedd el tőlem Szent Szellemed! 12 Hadd örüljek megint szabadításodnak! Tégy újra engedelmessé engem! 13 Hadd tanítsam a vétkeseket útjaidra, Örökkévaló, hogy a bűnösök visszatérjenek hozzád! 14 Istenem, szabadító Istenem, ments meg a haláltól, bár megérdemlem, hiszen gyilkosság bűne terhel! Hadd énekeljek jóságodról megint! 15 Örökkévaló, nyisd meg ajkamat, hadd dicsérjelek! 16 Hiszen vinnék neked áldozatokat, de nem gyönyörködsz bennük! Nem kívánod az égőáldozatot sem! 17 Amit Isten szívesen fogad: az alázatos szellem! Ez az igazi áldozat! Istenem, te nem utasítod el, aki alázatos és engedelmes szívvel jön hozzád! 18 Áldd meg Siont, építsd fel újra Jeruzsálem falait! 19 Akkor újra gyönyörködhetsz az igazságban bemutatott áldozatokban, és égőáldozatokban. Akkor majd ismét bikákat áldoznak oltárodon!

IMÁK / *Zsoltárok 51:17*
IGEVERS / *másold ki az IMÁK-nál kijelölt igerészt*

_____

_____

_____

_____

_____

_____

_____

_____

_____

_____

_____

_____

_____

_____

_____

_____

_____

MEGFIGYELÉS / *írj le 3-4 gondolatot, megjegyzést*

_____

_____

_____

_____

_____

_____

_____

_____

ÁTÜLTETÉS / *írj le 1-2 gyakorlati alkalmazást*

_____

_____

_____

_____

_____

_____

_____

_____

_____

_____

_____

_____

KÖSZÖNET, KÉRÉS / *írd le az imádságodat azzal kapcsolatban, amit megértettél*

_____

_____

_____

_____

_____

_____

_____

_____

_____

_____

_____

_____

_____

_____

_____

_____

IMÁK

Zsoltárok 51:17

„Amit Isten szívesen fogad: az alázatos szellem! Ez az igazi áldozat!
Istenem, te nem utasítod el, aki alázatos és engedelmes szívvel jön hozzád!"

ELMÉLKEDÉS

Mai igerészünkben azt látjuk, hogy Isten nem akar égő- vagy véres áldozatot. Ő alázatos lelkületre vágyik – alázatos és engedelmes szívre. A mi alázatos szívünk az áldozat, amit Ő szeretne.

Dávid, a zsoltár írója felismerte, hogy könnyebb égő áldozatot bemutatni, mint alázatossá tenni a szívünket. Arra is rájött, hogy ha igazán meg akarjuk tapasztalni az Úrral való mély kapcsolatot, ami kielégíti megviselt lelkünket, ami után mind sóvárgunk, akkor teljes valónkkal egyedül Istenre kell vágyakoznunk. A bűnbánat nélküli áldozathozatal olyan, mintha megdicsérnénk valakit, akit magunkban kritikával illetünk. Ez a két dolog nem fér meg egymás mellett és mennyivel inkább igaz ez Istennel kapcsolatban is, aki azt mondja: „Ne arra tekints, hogy milyen szemrevaló külsejű, vagy daliás termetű, mert nem őt választottam. Az ember annak alapján ítél, amit lát, de én nem a külsejét, hanem a szívét nézem." (1 Sámuel 16:7).

Időnként mindnyájan érezhetjük úgy, hogy összetört a szívünk. Ilyenkor hatalmas vigaszt jelent a Zsoltárok könyve, ami megmutatja, hogyan fejezzük ki szavakkal a fájdalmunkat és a megtörtségünket. Legyen szó akár minket ért igazságtalanságról, folytonos szenvedésről azért, mert látjuk, hogy mi zajlik a világ más részein, akár a bűneink feletti bánkódásról, a reménytelenségig megtörtnek és megalázottnak érezhetjük magunkat.

De az 51. zsoltár emlékeztet arra, hogy Jézusban reménységünk van, ha átadjuk kéréseinket és a szívünket az Úrnak. Krisztus soha nem ígért könnyű életet, de megígérte, hogy mellettünk lesz és átsegít minket a próbákon. Isten sosem utasítja el a szívet, amely az igazságot keresi, az alázatos lelkületet, amely válaszokat keres, és a megbocsátásra vágyó bűnbánó szívet.

A tanulmányunk során minden nap olyan bibliai sirámokat olvasunk, amelyek felidézik azokat a dolgokat, amikről tudjuk, hogy igazak. Csak akkor ismerhetjük meg az igazságot, ha az Úrhoz és az Ő Szavához fordulunk nap, mint nap, és apránként elraktározzuk azt a szívünkben és az elménkben. Álljunk meg ma egy pillanatra és idézzünk fel néhányat a jó és csodálatos dolgok közül, amiket Isten tett az életünkben, írjuk le ezeket, hogy amikor legközelebb siránkozunk, akkor könnyebben eszünkbe jussanak az igaz dolgok. Ha Isten korábban már megsegített, akkor bizonyosan megsegít újra.

Zsoltárok 13.

A zenészek vezetőjének. Dávid zsoltára. 1
Örökkévaló, meddig felejtkezel el rólam?
Végleg elfelejtesz? Meddig rejted el arcodat
előlem? 2 Meddig kell aggódnom, hogy
már nem törődsz velem, meddig bánkódjak
még ezen? Meddig hatalmaskodik rajtam
ellenségem? 3 Nézz rám, Örökkévaló,
Istenem, kérlek, válaszolj nekem! Vidítsd
fel arcomat, örvendeztess meg, hogy ne
boruljon rám halálos álom! 4 Ne mondhassa
ellenségem: „Legyőztem!" Ne örülhessen,
mikor bajban vagyok! 5 Mert kegyelmedben
bízom, Örökkévaló!   Teljes szívvel örülök,
hogy megszabadítasz! 6 Dicséretet éneklek az
Örökkévalónak, mert jót tett velem!

IMÁK

IMÁK / *Zsoltárok 13:5*

IGEVERS / *másold ki az IMÁK-nál kijelölt igerészt*

MEGFIGYELÉS / *írj le 3-4 gondolatot, megjegyzést*

ÁTÜLTETÉS / *írj le 1-2 gyakorlati alkalmazást*

_____

_____

_____

_____

_____

_____

_____

_____

_____

_____

_____

_____

KÖSZÖNET, KÉRÉS / *írd le az imádságodat azzal kapcsolatban, amit megértettél*

_____

_____

_____

_____

_____

_____

_____

_____

_____

_____

_____

_____

_____

_____

IMÁK

Zsoltárok 13:5

*„Mert kegyelmedben bízom, Örökkévaló! Teljes
szívvel örülök, hogy megszabadítasz!"*

ELMÉLKEDÉS

Ebben a zsoltárban Dávid ismételten hangot ad afelett érzett
türelmetlenségének, hogy a gonosz tettek látszólag észrevétlenek
maradnak. Arra kérte Istent, hogy tegyen valamit ezzel kapcsolatban. Ha
őszinték vagyunk, időnként mi is úgy érzünk, mint Dávid. Türelmetlenül
várjuk, hogy cselekedjen, gyógyítson, védjen és mentsen meg az Isten és
összezavar, elbátortalanít, ha Ő nem a mi időzítésünknek megfelelően vagy
a szerintünk alkalmas módon teszi. Úgy érezzük ilyenkor, hogy elfelejtett,
megcsalt és félrevezetett bennünket.

Ilyenkor kell emlékeznünk arra, hogy mi az igazság. Ilyenkor kell arra a
hitre és tudásra hagyatkoznunk, amit aközben nyerünk, hogy naponként
engedelmesen Isten Igéjéhez fordulunk és elraktározzuk azt magunkban
ezekre az időkre. Ilyenkor válik a siralom a hitben való megmaradásunk
és növekedésünk fontos részévé. Ha rábízzuk Istenre azokat a dolgokat,
amiket nem tudunk irányítani és elhisszük, hogy Isten az, Akinek mondja
magát, a hitünk akkor is erősödhet, ha nem értjük az életet.

„Jézus Krisztus tegnap, ma és mindörökké ugyanaz!" (Zsidókhoz 13:8).
Adjunk hálát ma Istennek azért, hogy Jézus Krisztus által megszabadított
minket. Isten teremtette a világot és az emberiséget, de a bűn elválasztott
minket tőle. Ezért elküldte az Ő egyetlen Fiát, Jézus Krisztust, hogy
megfizesse bűneink árát és megszabadítsa az emberiséget, ezáltal pedig
lehetővé tegye, hogy személyes kapcsolatba kerüljünk az Atya Istennel.
Mit felelünk erre? Mi a te válaszod? És mi lesz a válaszunk akkor, ha
elkerülhetetlen a szenvedés? Jézus mondja: „Ezt azért mondom nektek,
hogy teljes békességetek és bizalmatok legyen bennem. Ezen a világon
próbatételek, nehéz időszakok és szenvedések várnak rátok, de legyetek
bátrak: én már legyőztem a világot." (János 16:33).

Ő sosem változik, és az irántad, gyermeke iránt érzett szeretete mélyen
gyökerezik. Ha Jézus Krisztusban vagy, nem fenyeget ítélet (Róma 8:1). Ha
szenvedést, igazságtalanságot vagy fájdalmat élsz át, ne kerüld az Istennel
való beszélgetést csak azért, mert nem tudod szavakba foglalni némelyik
kérdésedet. Imádkozz hozzá, mint szerető Atyádhoz, használd a Zsoltárok
szavait, ha szükségét érzed és hidd el, hogy Ő hűséges marad.

Járulj ma elé szabadon, tudva, hogy az Úrnak elmondhatod kibeszélhetetlen
fájdalmadat is és bízz Benne azért, aki Ő és azért, amiket tett.

1. *Hogyan válhat szokássá, hogy "megemlékezz az Úr cselekedeteiről?" Istennek milyen cselekedetei vagy tulajdonságai jutnak eszedbe most, amelyekért dicsőítheted Őt?*

....

....

....

2. *Érezted már úgy, hogy Isten távol van tőled, nem figyel oda az életedre? Írd le ezt az érzést, hasonló szavakat használva, mint a héten olvasott zsoltár szavai.*

....

....

....

3. *Milyen konkrét esetben láttad azt, hogy Isten segített neked és erőforrásként működött? Hogyan segített ez a hitedben való növekedésben? Segít-e most a hitedben növekedni, ha visszaemlékszel az ilyen esetekre? Hogyan?*

....

....

....

4. *Hogyan tudod biztosítani, hogy a szíved alázatos és bűnbánó maradjon az élet hullámvölgyei és szenvedései közepette? Milyen lépéseket tehetsz ezen a héten, hogy gyakorold az alázatot és a bűnbánatot az Úrral való mindennapi életedben?*

....

....

....

5. *Mit jelent ma számodra, hogy bízol Isten hűségében?*

....

....

....

„De újra remény támad bennem, ha meggondolom: az Örökkévaló kegyelme, hogy még élünk, mert hűséges szeretete soha nem fogy el! Sőt, megújul minden reggel! Bizony, nagy a te hűséged, Uram! Te vagy örökségem, Örökkévaló – mondja a lelkem –, ezért benned bízom, benned reménykedem!"

Jeremiás siralmai 3:21–24

IMÁDKOZZ

*Írd le azokat a dolgokat, amelyekért ezen
a héten imádkozol és hálát adsz.*

....

....

....

....

....

....

....

....

....

....

....

....

....

HETI KIHÍVÁS

*Ezen a héten szánj időt az elcsendesedésre, és elmélkedj Isten csodálatos tettein. Jegyezd fel őket
a naplódba, vagy egy papírlapra, amit aztán a Bibliádban tarthatsz. Írj le néhányat azok közül
a dolgok közül, amelyeket Isten tett érted, az ajándékok közül, amelyeket neked adott, és amiben
megmutatta irántad való irgalmát és kegyelmét.*

....

....

....

....

....

....

```
┌─────────────────┐
│  O L V A S D  E L !  │
│   2. hét · Hétfő   │
└─────────────────┘
```

Jeremiás siralmai 1.

1 Jaj, milyen elhagyatott lett az egykor oly népes város! Hogy megözvegyült, pedig milyen dicsőséges volt a nemzetek között! Aki úrnő volt a tartományok között, most robotoló rabszolgává lett. 2 Keservesen sír éjjelente, könnyei áztatják arcát. Senki sem vigasztalja régi szeretői közül. Barátai mind elárulták, ellenségeivé lettek. 3 Júda népét elhurcolták otthonaiból, rabszolgasorba kerültek, kenyerük a szenvedés. Messze földre vitték őket, idegen nemzetek közé, de ott sem találtak nyugalmat. Üldözőik mind utolérték őket, nem menekülhettek szorult helyzetükből. 4 Még a Sionba vezető utak is gyászolnak, senki sem jön a szent ünnepekre többé. A városkapuk helyén üresség tátong, a papok keservesen sóhajtoznak.leányait szolgaságba hurcolták, ezért süllyedt Sion keserűségbe! 5 Ellenségei fölülkerekedtek, könnyedén legyőzték, mivel az Örökkévaló büntette meg Siont tömérdek bűne miatt.gyermekeit fogságba hurcolták, fogolyként vonultak ellenségeik előtt. 6 Megfosztották Siont minden ékességétől, odalett minden dicsősége! Fejedelmei olyanok lettek, mint a szarvasok, ha nincs legelőjük, — roskadozva menekültek üldözőik elől. 7 Nyomorúsága idején, száműzetése napjaiban régi dicsőségére emlékezik Jeruzsálem, s drága kincseire. Mert népe ellenség kezébe esett, s nem volt, aki segítsen rajta.Ellenségei pedig csak nézték, s gúnyosan nevettek bukásán. 8 Bizony, súlyosan vétkezett Jeruzsálem, ezért lett tisztátalan! Akik eddig tisztelték, most megvetik, mert látták megszégyenülését. Keservesen sóhajt ő is, szégyenében eltakarja arcát. 9 Saját vére szennyezi ruhája szegélyét. Mivel nem gondolt jövőjére, szörnyű mélyre süllyedt. Senki sem vigasztalja. „Lásd meg, Örökkévaló, szenvedéseimet, mert ellenségeim ujjonganak fölöttem!" 10 Ellenségei kirabolták Siont, minden kincsétől megfosztották. Néznünk kellett, hogy ellenségeink még a szent helyre is behatoltak, pedig te azt parancsoltad, Urunk, hogy idegenek ne menjenek be gyülekezetedbe! 11 Egész népünk sóhajt és nyög, amint

kenyér után vágyakoznak, kincseiket is eladják egy falat kenyérért, hogy éhen ne haljanak. „Lásd meg, Örökkévaló, nézd, mennyire semmibe vesznek bennünket! 12 Nézzetek rám, kik erre jártok! Vajon van-e ehhez hasonló fájdalom, mint amely engem ért,amellyel az Örökkévaló keze sújtott izzó haragja napján? 13 Mert a magasból tüzet küldött az Úr, mely átjárta csontjaimat. Hálót feszített lábam elé, és a földre terített. Elhagyottá lettem, naphosszat csak sínylődöm. 14 Vétkeim igáját vettem nyakamba. Az Úr keze fonta össze, súlyuk lehúzza fejem, erőm elfogy, botladozom.Kiszolgáltatott azoknak, akik erősebbek nálam. 15 Erős harcosaimtól elfordult az Úr, nem törődött velük. Sereget küldött ellenem, hogy fiaimat összetörje. Az Úr maga taposta össze Jeruzsálemet, mint szőlőt a szüretelők. 16 Ezért sírok oly keservesen, ezért folynak könnyeim, mert messze tőlem a vigasztaló, aki lelkem felüdítené.Gyermekeim elpusztultak, mert ellenségem fölülkerekedett rajtam." 17 Segítségért eseng Sion, karjait kitárja, de senki sem vigasztalja. Az Örökkévaló hozta ellene a nemzeteket, hogy Jákób népét körülkerítsék: úgy tekintenek Jeruzsálemre, mint tisztátalanra. 18 „Igazságos az Örökkévaló! Igazságosan bánt velem, mert parancsai ellen lázadoztam.Figyeljetek rám, ti népek mindannyian, s lássátok fájdalmamat! Fiaimat és leányaimat mind száműzetésbe hurcolták! 19 Hiába hívtam segítségül szeretőimet, mind cserbenhagytak!Papjaim és fejedelmeim éhen haltak a városban, ennivalót kerestek, hogy életben maradjanak, de hiába. 20 Nézz rám, Örökkévaló, milyen szorult helyzetben vagyok! Lelkem háborog, szívem vergődik, mert engedetlen és lázadó voltam. Az utcákon ellenség gyilkolja gyermekeimet, a házakban a halál pusztít. 21 Halld meg Uram, sóhajtásomat, mert nincs más, aki vigasztalna! Minden ellenségem hallotta veszedelmem, s ujjong, hogy így bántál velem. Hozd el a napot, amelyet előre hirdettél, amikor ők is úgy járnak, mint én! 22 Lásd meg minden gonosz tettüket! Bánj velük is úgy, ahogy engem büntettél sok vétkem miatt, mert sokat sóhajtozom, és szívem is beteg!"

NAPLÓ
gondolataid

....
....
....
....
....
....
....
....
....
....
....
....
....
....
....
....

IMÁK

IMÁK / *Jeremiás siralmai 1:12*
IGEVERS / *másold ki az IMÁK-nál kijelölt igerészt*

_____

MEGFIGYELÉS / *írj le 3-4 gondolatot, megjegyzést*

ÁTÜLTETÉS / *írj le 1-2 gyakorlati alkalmazást*

_____

_____

_____

_____

_____

_____

_____

_____

_____

_____

_____

KÖSZÖNET, KÉRÉS / *írd le az imádságodat azzal kapcsolatban, amit megértettél*

_____

_____

_____

_____

_____

_____

_____

_____

_____

_____

_____

_____

_____

_____

_____

IMÁK

Jeremiás siralmai 1:12

*„Nézzetek rám, kik erre jártok! Vajon van-e ehhez
hasonló fájdalom, mint amely engem ért, amellyel az
Örökkévaló keze sújtott izzó haragja napján?"*

ELMÉLKEDÉS

Amikor a Jeremiás siralmai íródott, Júdát, Izrael déli királyságát
Nabukodonozor király vezetésével elfoglalták a babilóniaiak. Júda népe
jóval korábban elhagyta Istenét, a saját útját járta, és figyelmen kívül
hagyta – sőt kinevette – Jeremiás próféta figyelmeztetéseit, aki próbálta
meggyőzni a népet, hogy térjen vissza az Úrhoz, és adja meg magát
Babilonnak.

Jeremiás siralmainak könyve mély bánatot fejez ki a mérhetetlen szenvedés
miatt, ami Júdát sújtotta ezen események után. A Siralmak fő üzenete az,
hogy az Istennek való engedetlenség pusztulást hoz, és a bűnbánat az
egyetlen út vissza Hozzá. Isten könyörületes Isten, de igazságos is; nem
hagyhatja észrevétlenül a bűnt. A jó hír az, hogy a bűnbánó szívet sem
hagyja figyelmen kívül, és Ő megfizette a végső árat a bűneinkért azzal,
hogy mindannyiunkért elküldte egyetlen Fiát, Jézus Krisztust a keresztre.

A mai igeversekben azt látjuk, hogy a Siralmak könyvének első fejezetében
leírt szívszorító jeleneteket az Úr okozta. Jeremiás, a könyv szerzője azt
kérdezi: „Van-e oly fájdalom, mint az én fájdalmam?" Igazság szerint
Jeremiás próféta éveken át figyelmeztette Júdát, hogy mi fog történni, ha
nem adják meg magukat először az Úrnak, és csak utána az elnyomójuknak,
Babilonnak. Beszélt arról, hogyan fogja Isten megbosszulni az
engedetlenségüket. Júda népe kinevette Jeremiást, árulónak nevezte, és
veréssel és bebörtönzéssel próbálták meg elhallgattatni.

Istenünk igazságos és szent. Nem tudja és nem is fogja eltűrni a bűnt. „Az
Úrnak félelme az ismeret kezdete", mondja a Példabeszédek 1:7. Az „Úr
izzó haragjáról" olvashatunk a mai tanulmányunkban. De akik követik
Őt és bíznak Benne, azok abban a bizalomban élhetnek, hogy Isten látja
a szenvedésüket, közel van, és szeretetével megvigasztalja őket.

A mai igeszakasz két fő dolgot taníthat nekünk. Először is, hogy mi
történik azokkal, akik nem az Úr Jézusba vetik bizalmukat, hanem a saját
sötétségük útján járnak. Másodszor, nagy önbizalmat kell adnia nekünk,
hogy kiálljunk és beszéljünk másoknak az Ő szeretetéről, hogy ők is
megtapasztalhassák azt a bőséget, szabadságot és életet, amit Ő kínál a
megváltás által!

Jeremiás siralmai 2.

1 Jaj, milyen sötét felhőt borított Sionra haragjában az Úr! Izráel dicsőségét az égből a földre vetette. Haragja napján nem törődött még lába zsámolyával sem! 2 Könyörtelenül elpusztította az Úr Jákób népének minden hajlékát, összetörte haragjában Júda lakóinak várait. Földre taposta, megszégyenítette az egész királyságot és vezetőit. 3 Összetörte izzó haragjában Izráelnek minden hatalmát. Megvonta népétől védő karját, s utat engedett ellenségeinek. Úgy égette Jákób népét mindenfelől, mint megemésztő tűz. 4 Felvonta íját ellenünk, mint ellenségünk, ránk emelte karját, mint támadónk, Sion hajlékaiban mindenkit megölt, akire büszkén tekintettünk. Haragját zúdította ránk, mint tűzesőt. 5 Ellenségünkké lett az Úr: elpusztította Izráelt egészen! Lerombolta palotáinkat, romba döntötte erős várainkat, Júda népének gyászát és siralmait megsokasította. 6 Ledöntötte saját Sátorát, mint egy hitvány kerti kunyhót. Szétrombolta ünnepeinek helyét az Örökkévaló, feledésbe taszította Sion városának ünnepeit, még a szombatot is. Tüzes haragja hevében eltaszított királyt és papot. 7 Elhagyta oltárát, eltávozott Templomából. Ellenségünk kezébe adta annak bástyáit és falait. Diadalittas zajongás hallik az Örökkévaló házában, mint egykor ünnepeink napján. 8 Mert az Örökkévaló döntött úgy, hogy lerombolja Sion falait: kifeszítette fölötte a mérőzsinórt, véghezvitte, amit elhatározott. Hiába jajgatott bástya és várfal, mind leomlott, s földön hevernek, mint a gyászolók. 9 A kapuk szárnyai földre roskadtak, kapcsaikat és záraikat összetörték. A királyt és a fejedelmeket a nemzetek közé hurcolták, nincs többé sem törvény, sem tanítás. Még a próféták sem kapnak kijelentést az Örökkévalótól. 10 Sion fejedelmei némán ülnek a földön, fejükre port hintettek, derekukon zsákruha. Jeruzsálem fiatal leányai földre borulva gyászolnak. 11 Szemem a sírástól eleped, szívem nyugtalan háborog, lelkem, mint a földre ömlött víz, mert láttam népem pusztulását: csecsemők és gyermekek hevernek az utcán, éhségtől haldokolva! 12 Anyjukat szólítják, enni-

és innivalóért könyörögnek. Ájultan fekszenek anyjuk karjaiban, s lassan kilehelik lelküket, mint az utcán heverő sebesült harcosok. 13 Ó Jeruzsálem, mit mondjak neked? Kihez hasonlítsalak? Sion népe, mivel vigasztaljalak? Hiszen pusztulásod oly nagy és mélységes, mint a tenger! Kicsoda gyógyíthat meg téged? 14 Prófétáid hamis látomásokkal ámítottak téged! Nem mutattak rá bűneidre, hogy megmenekülj a fogságtól. Hamis próféciákkal hitegettek, becsaptak és félrevezettek. 15 Akik arra járnak, s látják romjaidat, Jeruzsálem, gúnyolódva mutogatnak, megvetően legyintenek: „Nézzétek ezt a romhalmazt! Ezt hívták »Tökéletes Szépség«-nek? Ez lenne az »Egész Föld Öröme?«" 16 Ellenségeid nagy hangon dicsekednek, hogy legyőztek téged, fogukat vicsorítják, és kezüket dörzsölik: „Elpusztítottuk Jeruzsálemet! Erre vártunk már régóta, most saját szemünkkel láttuk a vesztét!" 17 Az Örökkévaló véghezvitte, amit határozott, beváltotta szavát, amelyet régen kihirdetett: könyörtelenül lerombolt téged, Jeruzsálem! Ellenségeidnek szerzett örömet, ellenfeleidnek adott győzelmet. 18 Jeruzsálem! Még falaid is kiáltsanak az Úrhoz! Folyjanak könnyeid éjjel-nappal, Sion, mint a folyó! Ne nyugodj, ne engedj magadnak pihenést! 19 Kelj föl, kiálts az Úrhoz még éjjel is, az őrváltás idején! Öntsd ki szíved az Úr színe előtt, mint a vizet! Emeld hozzá kezeidet, könyörögj kicsinyeid életéért, akik éhségtől ájultan fekszenek a város utcáinak kövén. 20 Nézz ránk, Örökkévaló! Kivel bántál így valaha? Hogyan lehet, hogy asszonyok a saját gyermekeiket, dédelgetett kicsinyeiket kell megegyék?! S hogy éppen az Úr szentélyében öldösik le a papokat és a prófétákat? 21 Holtan hever az utcák porában fiatal és öreg, ifjainkat és leányainkat öldöklő kard vágta le. Bizony, levágtad őket haragod napján, nem könyörültél, Uram! 22 Összehívtad ellenem minden rettegett ellenségemet, mint ünnepre a vendégeket, senki sem menekülhetett előlük az Örökkévaló haragja napján. Ellenségeim mind felemésztették gyermekeimet, akiket dajkáltam s felneveltem!

NAPLÓ
gondolataid

....
....
....
....
....
....
....
....
....
....
....
....
....
....
....
....

IMÁK

IMÁK / *Jeremiás siralmai 2:11*
IGEVERS / *másold ki az IMÁK-nál kijelölt igerészt*

_____

_____

_____

_____

_____

_____

_____

_____

_____

_____

_____

_____

_____

_____

_____

_____

_____

_____

MEGFIGYELÉS / *írj le 3-4 gondolatot, megjegyzést*

_____

_____

_____

_____

_____

_____

_____

_____

ÁTÜLTETÉS / *írj le 1-2 gyakorlati alkalmazást*

KÖSZÖNET, KÉRÉS / *írd le az imádságodat azzal kapcsolatban, amit megértettél*

IMÁK

Jeremiás siralmai 2:11

*"Szemem a sírástól eleped, szívem nyugtalan háborog, lelkem, mint
a földre ömlött víz, mert láttam népem pusztulását: csecsemők
és gyermekek hevernek az utcán, éhségtől haldokolva!"*

ELMÉLKEDÉS

Alig hisszük el a ma olvasott szavakat, és szinte lehetetlennek tűnhet
összeegyeztetni a Jeremiás siralmai 2-ben leírtakat azzal az Istennel, akit mi is
ismerünk, aki jó, szerető és jóságos. Hogyan engedhetett meg ilyen dolgokat?
Mai olvasmányunk kijózanító beszámoló az Úrral szembeni engedetlen élet
következményeiről.

Barátaim, legyen a mai tanulmányunk figyelmeztetés arra, hogy mi történik a
lelkünkkel, ha elfordulunk Istentől. Legyen ez egy emlékeztető arra, hogy mi
történik a szellemi birodalmakban, amikor a figyelemelterelést, a kísértést és
bűnt választjuk, és inkább elfordulunk az Úrtól, minthogy engedelmesen és
hűségesen járjunk Vele. A mindennapi bűnbánat nem csupán egy követendő
szabály, hanem kiváltság, amit gyakorolni kell. Az Úr azt kívánja, és arra
vágyik, hogy minden ember megismerje és szeresse Őt, és teljes örömet
találjon a jelenlétében (Zsoltárok 16:11).

Isten szent és igazságos. Hogy szent és igazságos maradjon az Ő természetéhez,
lehetetlen, hogy bármilyen bűn belépjen az Ő jelenlétébe. A bűn következménye
a pusztulás és a halál. De Ő gondoskodott arról, hogy legyen életünk, még
a bűneinkben is. A Krisztusba vetett hit által elfogadjuk Isten kegyelmes
ajándékát, a megbocsátást.

Minden egyes nap szellemi harcban állunk. Akik Krisztusban vannak, Isten
kegyelméből az Úr győztes oldalán harcolhatnak minden jóért, míg az ördög
és serege támad, lop és pusztít. Részt vehetünk ebben a harcban, és szilárdan
megállhatunk hitünkben azáltal, hogy aktivizáljuk a mennyei birodalmak
minden szellemi áldását, amely Krisztusban rendelkezésünkre áll (Efezus 1:3).

Ne felejtsd el, és ne hagyd figyelmen kívül ezt a csatát! Ez az élet és halál
csatája. Talán nem látjuk azonnal a következményeket, és remélhetőleg soha
nem fogjuk látni a Jeremiás siralmai 2-ben leírt szörnyű jeleneteket, de ébernek
kell maradnunk, készen kell állnunk arra, hogy harcoljunk az ördöggel és a
test bűnével, szilárdan kell állnunk a hitünkben, és alázatosan kell járnunk
Istenünkkel.

Ebben nem vagy egyedül. Maradj hűséges, járj engedelmességben, és emlékezz
arra, amit igaznak tudsz, függetlenül a körülményektől! Tarts naponta
bűnbánatot, szeresd nagyon Istent, és maradj gyökeret eresztve az Ő Igéjében!

```
┌─────────────────────────┐
│                         │
│      OLVASD  EL!        │
│     2. hét · Szerda     │
│                         │
└─────────────────────────┘
```

Jeremiás siralmai 3.

1 Én vagyok a férfi, aki fenyítést szenvedett, akit az Örökkévaló haragjában megvert! 2 Akit sötétségbe vitt, világtalan vidéken vezetett. 3 Bizony, én vagyok, akit megvert, újra meg újra, egész nap! 4 Elsorvasztotta testemet, összetörte csontjaimat, 5 körülkerített és megostromolt keserűséggel és szenvedéssel, 6 a sötétségbe helyezett, mintha már meghaltam volna. 7 Körülkerített, hogy meg nem szökhetek, megnehezítette bilincseimet. 8 Segítségért kiáltok az Örökkévalóhoz, de hiába: nem hallgatja meg. 9 Utjaimat erős fallal zárta el, s nem találok kiutat. 10 Lesben áll, mint medve, mint oroszlán a bozótban, hogy rám rohanjon. 11 Lekergetett utamról, megszaggatott, s otthagyott sebesülten. 12 Felvonta íját, céltáblának felállított, és nyilait rám lőtte. 13 Belém fúródtak, bensőmbe találtak, nyílvesszői mélyen megsebeztek. 14 Gúnyolódnak rajtam a nemzetek, csúfolnak engem napestig. 15 Eltöltött keserűséggel az Örökkévaló, megrészegített ürömmel. 16 Földre tepert, fogaim kavicsokkal kitörte, hamuba fektetett, porig alázott. 17 Lelkem nem ismer békességet, elfelejtettem a jólétet. 18 Már azt gondoltam, végem van, s nincs számomra reménység az Örökkévalónál. 19 Uram, lásd meg szenvedésemet, hontalanságomat, keserűségemet! 20 Amíg ezen kesergek, lelkem a földre roskad. 21 De újra remény támad bennem, ha meggondolom: 22 Az Örökkévaló kegyelme, hogy még élünk, mert hűséges szeretete soha nem fogy el! 23 Sőt, megújul minden reggel! Bizony, nagy a te hűséged, Uram! 24 Te vagy örökségem, Örökkévaló — mondja a lelkem —, ezért benned bízom, benned reménykedem! 25 Jó az Örökkévaló azokhoz, akik benne bíznak, akik jelenlétét keresik, kívánják. 26 Bizony, jó várni és nyugton maradni, amíg az Örökkévaló megszabadít! 27 Jó, ha igát viselsz, és türelmet tanulsz már fiatal korodban, 28 ha egyedül ülsz, s nem panaszkodsz, mikor az Úr igáját viseled, 29 ha megalázod magad előtte — hiszen van még remény —, 30 ha engeded, hogy bántalmazzanak, s eltűröd, hogy gyalázzanak. 31 Mert az Úr nem fordul el tőlünk örökre! 32 Megszomorít, de meg is könyörül rajtunk, mert hűséges szeretete kifogyhatatlan. 33 Hiszen nem szíve

szerint büntet meg, nem annak örül, ha megalázhat! 34
Hogy a föld összes foglyait lába alá tiporja valaki, 35 hogy
kiforgassák jogaiból a szegényt a Magasságos Isten szeme
láttára, 36 hogy a perben igazságtalanul ítéljenek, — ezt az
Úr nem nézi ölbe tett kézzel! 37 Ki tehetne bármit, amit az
Úr nem parancsolt? 38 Vajon nem a Magasságos Isten szava
szerint történik velünk jó és rossz? 39 Miért panaszkodik
hát, aki él, miért zúgolódik saját vétke büntetése miatt?
40 Vizsgáljuk hát meg életünket, és térjünk vissza az
Örökkévalóhoz! 41 Emeljük fel kezünket és szívünket a
Menny Istenéhez: 42 „Bizony, vétkeztünk és lázadtunk
ellened, Urunk, azért nem bocsátottál meg nekünk! 43
Haragodba burkolóztál, üldöztél és kíméletlenül öldöstél
minket! 44 Sűrű felhővel vetted körül magad, könyörgésünk
elől elzárkóztál. 45 Megvetett söpredékké tettél bennünket
a nemzetek között. 46 Ellenségeink nagy hangon gyaláznak
minket, 47 rettegés fenyeget, csapdába estünk, romlás és
pusztulás a részünk."48 Szememből könnypatakok folynak
népem romlása miatt. 49 Éjjel-nappal sírok, könnyeim
szüntelen patakzanak, 50 amíg az Örökkévaló le nem néz a
Mennyből, amíg ránk nem tekint! 51 Fáj a lelkem, mikor
látom városom lakóinak sorsát. 52 Ellenségeim ok nélkül
vadásztak rám, mint egy madárra, 53 sziklaverembe dobtak
elevenen, s köveket hajigáltak fejemre. 54 Elborította
fejemet a víz, s már azt hittem, végleg elvesztem. 55
Téged hívtalak segítségül, a verem mélyéről, 56 s te
meghallottad segélykiáltásomat: „Örökkévaló, ne fogd be
füledet   sóhajtásom és kiáltásom előtt!" 57 Közel jöttél
hozzám, mikor hívtalak, szívemhez szóltál: „Ne félj!" 58
Igen, Örökkévaló, te lettél védelmezőm, megmentetted
életemet! 59 Láttad, hogyan bántak velem ellenségeim,
ítélj hát javamra! 60 Nézd, milyen bosszúállók, hogyan
forralnak gonosz terveket! 61 Hallottad gúnyolódásukat,
Örökkévaló, és aljas terveiket, 62 hogyan rágalmaznak
egész nap, s hogyan szidalmaznak folytonosan. 63 Akár
ülnek, akár állnak, mindig engem gyaláznak. 64 Fizess
meg nekik, Örökkévaló, minden gonosz tettük szerint! 65
Sötétítsd el szívüket, átkod sújtsa, 66 haragod üldözze őket,
Örökkévaló, töröld el őket a föld színéről örökre!

NAPLÓ
gondolataid

....
....
....
....
....
....
....
....
....
....
....
....
....
....
....
....
....

IMÁK / *Jeremiás siralmai 3:21–24*
IGEVERS / *másold ki az IMÁK-nál kijelölt igerészt*

MEGFIGYELÉS / *írj le 3-4 gondolatot, megjegyzést*

ÁTÜLTETÉS / *írj le 1-2 gyakorlati alkalmazást*

KÖSZÖNET, KÉRÉS / *írd le az imádságodat azzal kapcsolatban, amit megértettél*

IMÁK

Jeremiás siralmai 3:21–24

„De újra remény támad bennem, ha meggondolom:Az Örökkévaló kegyelme, hogy még élünk, mert hűséges szeretete soha nem fogy el! Sőt, megújul minden reggel! Bizony, nagy a te hűséged, Uram! Te vagy örökségem, Örökkévaló – mondja lelkem –, ezért benned bízom, benned reménykedem. "

ELMÉLKEDÉS

A mai olvasmányban mély reményt és bátorítást találunk, egy fénysugarat egy nehéz bibliai beszámoló közepén. A Jeremiás siralmai 3:21–24 talán jól ismert, de kevesebben ismerik a körülményeket és a szövegkörnyezetet, amelyben megjelenik. Miközben ma és ezen a héten mélyebbre merülünk, emlékezzünk a hit és a lázadás élete közötti ellentétre. Ne feledjük, hogy ezek hiteles beszámolók arról, ami Jeruzsálem eleste után történt, és figyelmeztetésként szolgálnak a bűn következményeire és Isten kegyelmére, amelyet Isten mindazoknak kínál, akik hozzá kiáltanak.

Még a szenvedés és fájdalom közepette is hihetetlen reményt találunk. Ismét azt látjuk, hogy egy bibliai szerző siránkozva írja le mindazt, ami körülötte történik, majd visszaemlékszik mindarra, amit igaznak tud az Úrról. Az igazság az, hogy a szerző még ilyen fájdalmak közepette is – az összetört csontok (4. vers), elzárkózás az imádság elől (8. vers), a segítség nélkül maradás (11. vers), a fogak kavicsokkal való kitörése (16. vers) –, úgy dönt, hogy az Úr jóságát hirdeti. Jeremiás csodálatos példát nyújt arra, hogy a körülményei vagy érzelmei helyett az igazságot választotta.

Jeremiás ismeri Isten igazi jellemét, és abban bízik, amit ismer, nem pedig abban, amit lát. Biztos benne, hogy az egyetlen remény az, ha teljes bizalmát Istenbe helyezi. Még a Jeremiás siralmaiban leírt hihetetlen szenvedés közepette is van remény. Olyan könyörületes Istent szolgálunk, aki soha nem utasítja el az alázatos, bűnbánó szívet.

Fontos, hogy tudjuk az igazságot arról, kicsoda Isten. Arra kell törekednünk, hogy mi magunk ismerjük meg Istent, az Ő jellemét és Igéjét, és ne elégedjünk meg azzal, hogy mások táplálnak bennünket, még akkor se, ha azok nagyszerű tanítók és prédikátorok. A naponkénti igeolvasás, az Isten megismerésére való törekvés az egyik legjobb döntés, amit magunk és a szeretteink számára hozhatunk.

Az Istennel kapcsolatos igazságban való hit létfontosságú. Ha szilárdan ragaszkodunk Istenünkhöz és ahhoz, amit Róla tudunk, a szenvedés és fájdalom következő hulláma nem fog minket a teljes reménytelenségbe taszítani. Ehelyett képessé válunk arra, hogy mélyebb, bensőségesebb kapcsolatba lépjünk Azzal, Aki mindent összetart, beleértve a saját szívünket is.

```
┌─────────────────┐
│                 │
│  OLVASD EL!      │
│  2. hét · Csütörtök │
│                 │
└─────────────────┘
```

eremiás siralmai 4.

1 Jaj, még az arany ragyogása is megfakult, a csillogó színarany is meghomályosult! A drágaköveket szétszórták,   szanaszét hevernek minden utcasarkon! 2 Sion drága gyermekeivel, akik értékesebbek az aranynál, úgy bántak ellenségeink, mint valami hitvány cserépedénnyel! 3 Még a sakálok is táplálják, megszoptatják kicsinyeiket, de népem asszonyai kegyetlenül bánnak gyermekeikkel, mint a sivatagi struccmadarak. 4 A csecsemők szomjúságtól haldoklanak, a kisgyermekek kenyérért könyörögnek, de senki sem ad nekik, senki sem törődik velük. 5 Akik egykor megrakott asztalnál lakomáztak, most éhségtől haldokolnak az utca kövén,s akiket bíborban neveltek, most a szemétdombon keresgélnek. 6 Bizony, nagyobb népem bűne, mint Sodomáé volt egykor, amely kéz érintése nélkül   elpusztult egy pillanat alatt. 7 Júda nazírjai tisztábbak voltak a hónál,   fehérebbek a tejnél, pirosabbak a korallnál, termetük, mint a csiszolt zafír. 8 Most feketébbek, mint a korom, rájuk sem ismer az utcán senki, bőrük a csontjukhoz tapad, olyanok lettek, mint kiszáradt fa. 9 Jaj, boldogabbak, akiket kard ölt meg, mint akiket éhség pusztított el lassú kínhalállal, a kenyér hiánya miatt. 10 Irgalmas szívű anyák saját gyermekeiket főzték meg, hogy legyen mit enniük, mikor Jeruzsálem népe éhezett. 11 Az Örökkévaló szabad utat engedett haragjának, kiöntötte ránk izzó haragját, s tűzbe borította Siont, megégette teljesen. 12 Nem hitték volna sem a föld királyai, sem a nemzetek lakosai, hogy az ellenség Jeruzsálem kapuin valaha is bevonulhat. 13 Jeruzsálem prófétáinak bűne miatt, papjainak vétke miatt történt ez, mert ártatlan vért ontottak, igazakat gyilkoltak benne. 14 Vérrel beszennyezve tántorogtak az utcán, mint a vakok. Tisztátalanná lettek, senki meg sem érinthette őket. 15 „Álljatok félre, tisztátalanok!" — kiáltottak rájuk az emberek. „Álljatok félre, ne érintsetek!" Mikor a nemzetek között kerestek menedéket, ott sem fogadták be őket. 16 Az Örökkévaló maga szórta szét őket, s nem törődött velük többé. Nem tisztelték őket a nemzetek, mint a papokat illenék, nem kegyelmeztek még az öregeknek sem. 17 Oly sokáig vártunk hiába, már a szemünk is belefáradt, reménykedve lestük a látóhatárt: jön-e már a felmentő sereg. 18 Ellenségeink minden lépésünket figyelték,már az utcára is féltünk kimenni. Elközelgett a végünk! Napjaink meg voltak számlálva! Eljött a vég! 19 Üldözőink gyorsabbak voltak, mint a sasok az égen. Űztek bennünket a hegyeken, leselkedtek ránk a pusztaságban. 20 Foglyul ejtették királyunkat, népünk éltető leheletét, az Örökkévaló fölkentjét, s akiről azt mondtuk: „Védelmező karja árnyékában élhetünk a nemzetek között!" 21 Ne örülj olyan nagyon, Edom népe, Úz földjén, mert terád is sor kerül. Neked is innod kell ebből a pohárból, megrészegedsz tőle, és letépik ruháidat! 22 Sion népe, büntetésed egyszer véget ér, nem tart az Úr száműzetésben örökre! De téged még azután is büntet vétkeidért, Edom népe, s bűneidet nyilvánosan leleplezi.

IMÁK / *Jeremiás siralmai 4:17*
IGEVERS / *másold ki az IMÁK-nál kijelölt igerészt*

MEGFIGYELÉS / *írj le 3-4 gondolatot, megjegyzést*

ÁTÜLTETÉS / *írj le 1-2 gyakorlati alkalmazást*

KÖSZÖNET, KÉRÉS / *írd le az imádságodat azzal kapcsolatban, amit megértettél*

IMÁK

Jeremiás siralmai 4:17

„Oly sokáig vártunk hiába, már a szemünk is belefáradt,
reménykedve lestük a látóhatárt: jön-e már a felmentő sereg."

ELMÉLKEDÉS

Míg a tegnapi olvasmány némi megkönnyebbülést és reményt nyújtott, a negyedik fejezetben újból visszatérünk az embertelen szenvedés kemény valóságához. A babilóniaiak megszállták Jeruzsálemet, levadászták a népét, és foglyokat hurcoltak el. Még több júdai várost leromboltak, így a régiót teljes pusztulásban, megmaradt népét pedig embertelen lealacsonyításban hagyták. A könyv szerzője továbbra is siránkozik az őt körülvevő körülmények miatt, mi pedig továbbra is tanuljuk és gyakoroljuk vele együtt a siránkozást.

Júda „hiába keresett segítséget", amikor Egyiptom népéhez könyörgött, de Egyiptom visszavonult és Júdát a babiloni invázió elszenvedésére hagyta.

Milyen gyakran keresünk segítséget rossz helyen és hiába? A szemünk elfárad, elbátortalanodunk, és végül rájövünk, hogy egyik keresett dolog sem menthet meg minket. Talán nekünk is voltak olyan barátaink és mentoraink, mint Jeremiás próféta, akik azt tanácsolták, hogy nézzünk az Úrra, forduljunk Hozzá, és kérjünk segítséget, de mi elutasítottuk. Túl jelentéktelennek tűnt ahhoz, hogy beszéljünk róla az Úrral, vagy talán nem igazán tudtuk, hogyan közelítsük meg Istent azzal, ami a szívünket nyomja.

Ismerős lehet ez a hozzáállás, amikor siránkozásra kerül a sor. Nem értjük, mi történik, nem látunk reményt és úgy érezzük, hogy Isten hallgat. Ordítani szeretnénk, és megkérdezni: „Miért? Meddig még, Uram?", de nem vagyunk egészen biztosak abban, hogy az ilyen kirohanások helyénvalóak-e, amikor a menny és föld Teremtőjéhez szólunk.

A siránkozás gyakorlása utat nyit a megterhelt, szenvedő szívnek, hogy a kegyelem trónusához járulhasson. Nemcsak lehetővé teszi, hanem még bátorítja is a hívőt, hogy az Úrhoz, a mindenség Teremtőjéhez és Fenntartójához forduljon, és megossza Vele panaszait. Ő a mi Mennyei Atyánk, és mélységesen szereti gyermekeit.

Beismerjük, hogy rossz helyen keressük a segítséget, és megbánjuk. Emlékezünk arra, hogy kicsoda Isten, és újra meg újra hirdetjük az Ő szentségét, függetlenül a körülményeinktől. Isten igaz, és amit Ő mond, az igaz. A körülöttünk lévő szenvedés nyomasztó lehet; a helyes válasz az Úrba vetett hit, mert Ő irányít mindent. Dicsérhetjük Őt, amiért ilyen időkben hangot ad nekünk – a siránkozás hangját és gyakorlatát.

Jeremiás siralmai 5.

1 Emlékezz meg róla, Örökkévaló, mi történt velünk! Nézd, milyen gyalázatban élünk! 2 Országunkat idegen nép foglalta el, házainkban idegenek laknak! 3 Apátlan árvák lettünk, anyánk meg özveggyé. 4 Még ivóvizünket is pénzért vesszük, tűzifánkért is fizetnünk kell. 5 Elnyomóink igáját vettük nyakunkra, roskadásig hajszolnak, percnyi pihenést sem hagynak. 6 Hogy éhen ne haljunk, Egyiptomból és Asszíriából kell kenyeret vennünk. 7 Őseink vétkeztek, de már nincsenek, mi hordozzuk bűneik terhét. 8 Szolgák uralkodnak rajtunk, nincs, aki tőlük megszabadítson. 9 Életünk kockáztatásával szerezzük élelmünket, a pusztai rablók kardja fenyeget. 10 Bőrünk megfeketedett, mint a kemence, a hosszú éhezéstől. 11 Az asszonyokat megerőszakolták Sionban, a leányokat is Júda városaiban. 12 A fejedelmeket felakasztották, nem kímélték meg a véneket sem. 13 A fiatalokat nehéz munkára fogták, a gyerekek is súlyos terhek alatt botladoznak. 14 A vének nem ülnek már a város kapujánál, az ifjak sem énekelnek többé. 15 Szívünk öröme, jaj, odavan, gyászra fordult minden ünnepünk! 16 Lehullott fejünkről a virágkoszorú, jaj nekünk, mert vétkeztünk! 17 Szívünk megtelt fájdalommal, szemünk könnytől homályos, 18 mert elpusztult a Sion hegye, sakálok járnak csak romjain! 19 De te, Örökkévaló, örökké uralkodsz, királyi trónod mindörökre fennáll. 20 Miért felejtkeznél meg rólunk örökre? Miért hagytál el minket oly soká? 21 Állíts helyre bennünket, Örökkévaló, hogy újra fölépüljünk, tedd olyanná napjainkat, mint régen! 22 Ugye, nem vetettél el bennünket végleg? Ugye, haragod nem marad rajtunk örökre?

IMÁK / *Jeremiás siralmai 5:21*
IGEVERS / *másold ki az IMÁK-nál kijelölt igerészt*

MEGFIGYELÉS / *írj le 3-4 gondolatot, megjegyzést*

ÁTÜLTETÉS / *írj le 1-2 gyakorlati alkalmazást*

KÖSZÖNET, KÉRÉS / *írd le az imádságodat azzal kapcsolatban, amit megértettél*

IMÁK

Jeremiás siralmai 5:21

*„Állíts helyre bennünket, Örökkévaló, hogy újra
fölépüljünk, tedd olyanná napjainkat, mint régen"*

ELMÉLKEDÉS

Ahogy a Jeremiás siralmaival eltöltött időnk végéhez közeledik, a leírhatatlan szenvedés és fájdalom közepette egy egyszerű, mégis mélységes bűnbánó imát találunk. A szerző úgy véli, hogy Isten nem fordul el a bűnbánó szívtől, mert könyörületes, és bővelkedik szeretetben és hűségben (4 Mózes 34:6). Könyörög Istenhez, hogy engedje meg Júda népének, hogy visszatérjen Hozzá, hogy az életük megmenekülhessen és megújulhasson. Jeremiás tudja, hogy az Úron kívül nincs élet és reménység.

Jeremiás siralmainak könyvében egy olyan népről olvashatunk, amely azt aratta, amit elvetett. Ez egy jól ismert bibliai alapelv, amit Pál is tanított a Galata levélben: „mert aki a testének vet, az a testből arat majd pusztulást; aki pedig a Szellemnek vet, a Szellemből fog aratni örök életet." (6:8)

Miközben egyre többet tanulunk a siránkozás gyakorlatáról a keresztények mindennapi életében, soha ne feledjük, hogy ki is minden öröm, élet, megújulás és hit forrása. A mi Urunk, Mennyei Atyánk, a mi szent és igazságos Teremtőnk, aki jobban szeret minket, mint azt el tudjuk képzelni, aki jobban gyűlöli a bűnt, mint azt el tudjuk képzelni, és aki szentebb, mint azt el tudjuk képzelni. A Jeremiás siralmai 5:21-ben szereplő kérés a helyreállításért és megújulásért legyen rendszeres imává azok számára, akik nagyon akarják szeretni Istent. Kérjük Őt, hogy tegyen képessé minket arra, hogy minden nap Vele járjunk, hogy soha ne forduljunk el és ne feledkezzünk meg Róla.

A harmadik fejezet kivételével a Jeremiás siralmait gyakran kihagyják a bibliatanulmányozás során. Talán azért, mert konfliktust kelt bennünk, arra kényszerít, hogy megkérdőjelezzük Istent, az Ő céljait és természetét. Az ilyen megkérdőjelezés azonban éppen az, ami közelebb hozza Isten gyermekeit Hozzá. A mély, igaz, lélekben való vizsgálódás során gyönyörű életet adó válaszokat találunk arról az Istenről, akit ismerünk és szolgálunk, és mélységes békességet találunk azokra a kérdésekre, amelyeket erre a földi időre csak hittel lehet betölteni.

A Jeremiás siralmai egy költői könyv, és nagy része akrosztichon formájában íródott – A-tól Z-ig. Arra való, hogy egyszerre olvassuk el, anélkül hogy félúton megállnánk. Ez egy gyönyörű kép a siránkozás gyakorlatáról. Arra való, hogy lépésről lépésre haladjunk végig az egész folyamaton. Miután Istenhez kiáltunk és megbánjuk bűneinket, a bizalom és a dicséret gyakorlatához fordulunk.

1. *Hogyan egyezteted össze a Siralmak könyvében leírt szenvedést Isten szerető, kegyelmes természetével?*

....

....

....

2. *Tapasztaltál már olyan fájdalmat, ami miatt "elsenyvedtek szemeid a könnyhullatástól "? Hogyan készíthetnek fel a szenvedésről tanultak az ilyen időkre a jövőben?*

....

....

....

3. *Hogyan emlékezhetünk az igazságra olyan időkben, amikor megkérdőjelezzük, hogy mennyire vagyunk biztonságban az Úrban? Mit tehetsz a gyakorlatban, hogy Istenbe helyezd a reménységet?*

....

....

....

4. *Hova szoktál fordulni, ha segítségre van szükséged, ha nem az Úrhoz? Mit gondolsz, miért van így?*

....

....

....

5. *Van olyan területe az életednek, amit át kell adnod Istennek? Hogyan tudod ezt megtenni ezen a héten?*

....

....

....

„A teljes üdvösségünk ugyanis magában foglalja ezt a reménységet, a testünk megváltását is. Ezt azonban még nem láthatjuk. Ha már látható lenne, akkor nem kellene remélni. Mivel azonban olyan valamit remélünk, amit még nem látunk, várjunk rá türelmesen!"

Rómaiakhoz 8:24–25

*Írd le azokat a dolgokat, amelyekért ezen
a héten imádkozol és hálát adsz.*

....

....

....

....

....

....

....

....

....

....

....

....

....

HETI KIHÍVÁS

*Ezen a héten minden nap a Róma 8:18-39-et tanulmányozzuk. Próbáld meg megtanulni ezt
az igeszakaszt, vagy legalább néhány igeverset belőle, hogy emlékeztessen Isten szuverenitására,
hatalmára és szeretetére, valamint a Benne rejlő csodálatos reménységre.*

....

....

....

....

....

....

....

Róma 8:18–39

18 Úgy gondolom, hogy a jelenlegi szenvedésünk össze sem hasonlítható azzal a dicsőséggel, amelyben részünk lesz. 19 Mert az egész teremtett világ feszült figyelemmel várja, hogy Isten nyilvánosságra hozza és láthatóvá tegye, hogy kik az ő fiai. 20 Azért várja ennyire, mert a teremtett világ az elmúlás hatalma alá van kényszerítve. Nem önként, hanem Isten akarata szerint, aki így rendelkezett. Ugyanakkor a teremtett világ is abban a reményben él, 21 hogy a romlás rabszolgaságából fel fog szabadulni, és ugyanazt a dicsőséges szabadságot fogja élvezni, amelyben Isten gyermekei élnek. 22 Jól tudjuk, hogy mind a mai napig az egész teremtett világ úgy nyög és vajúdik, mint a szülő asszony. 23 De nem csak a teremtett világ, hanem mi magunk is ugyanígy sóhajtozunk. Pedig mi előleget kaptunk a Szent Szellemből! Mégis sóhajtozva várjuk a testünk megváltását, hogy ezzel teljesen Isten fiaivá váljunk. 24 A teljes üdvösségünk ugyanis magában foglalja ezt a reménységet, a testünk megváltását is. Ezt azonban még nem láthatjuk. Ha már látható lenne, akkor nem kellene remélni. 25 Mivel azonban olyan valamit remélünk, amit még nem látunk, várjunk rá türelmesen! 26 Hasonlóképpen a Szent Szellem is segítségünkre siet abban, amiben erőtlenek vagyunk. Hiszen sokszor még azt sem tudjuk, hogy miért és hogyan imádkozzunk. A Szent Szellem azonban maga könyörög értünk, szavakkal ki sem fejezhető sóhajtásokkal. 27 Isten ugyanis jól tudja, mi van a szívünkben, és azt is, mi a Szent Szellem szándéka, mert ő Isten akarata szerint könyörög Isten népéért. 28 Egészen biztosak vagyunk benne, hogy minden összedolgozik azoknak a javára, akik Istent szeretik — akiket ő a saját terve szerint elhívott. 29 Hiszen őket Isten már a világ teremtése előtt ismerte. Sőt, külön is választotta őket, hogy a Fiához hasonlóvá váljanak. Igen,

azt akarta, hogy Fia legyen az elsőszülött a sok testvér között Isten nagy családjában. 30 Azt tervezte, hogy ezek a testvérek a Fiához hasonlítsanak. Ezeket a maga számára előre különválasztotta, azután elhívta, majd elfogadhatóvá tette őket, és dicsőséget is adott nekik. Isten szeretete Krisztus Jézusban 31 Mit is lehetne még hozzátenni ezekhez? Mivel Isten velünk van, ki lehet ellenünk?! 32 Hiszen ő még a saját Fiát sem kímélte meg, hanem odaadta értünk, mindnyájunkért! Akkor hogyne adna nekünk minden mást is a Fiával együtt? 33 Ki vádolhatja azokat, akiket Isten kiválasztott? Senki! Isten felmentette őket minden vád alól! 34 Akkor ki ítélhetné el őket? Talán Krisztus Jézus? Hiszen ő nemcsak meghalt, de fel is támadt értünk! Most pedig az Atya jobb oldalán ül, és közbenjár értünk az Atyánál! 35 Mi választhat el bennünket Krisztus szeretetétől? Elnyomás, szenvedés, nyomor, nehézségek, üldözés, éhínség, ruhátlanság, életveszély, vagy akár ha meg is ölnek bennünket? Nem, egyik sem! 36 Hiszen az Írás is azt mondja: „Érted gyilkolnak bennünket állandóan, olyannak tekintenek, mint a levágni való juhokat." 37 Mindezek ellenére, minden nehéz helyzetben mi vagyunk a győztesek! Sőt, még annál is többek — ő általa, aki szeretett bennünket. 38–39 Mert Isten szeretetétől semmi, de semmi nem tud minket elválasztani — ebben egészen biztos vagyok! Sem halál, sem élet, sem angyalok, sem az uralkodó szellemek, sem ami most van, vagy ami ezután következik, sem azok, akiknek hatalmuk van, semmi, ami a magasságban vagy a mélységben van, semmiféle teremtmény sem választhat el bennünket Isten irántunk való szeretetétől, amely Urunkban, Jézus Krisztusban mutatkozott meg.

NAPLÓ
gondolataid

....
....
....
....
....
....
....
....
....
....
....
....
....
....
....
....
....

I M Á K / *Róma 8:18*
I G E V E R S / *másold ki az IMÁK-nál kijelölt igerészt*

\
\
\
\
\
\
\
\
\
\
\
\
\
\
\
\
\
\
\

M E G F I G Y E L É S / *írj le 3-4 gondolatot, megjegyzést*

\
\
\
\
\
\
\
\
\

ÁTÜLTETÉS / *írj le 1-2 gyakorlati alkalmazást*

_____

_____

_____

_____

_____

_____

_____

_____

_____

_____

_____

KÖSZÖNET, KÉRÉS / *írd le az imádságodat azzal kapcsolatban, amit megértettél*

_____

_____

_____

_____

_____

_____

_____

_____

_____

_____

_____

_____

_____

_____

IMÁK

Róma 8:18

„Úgy gondolom, hogy a jelenlegi szenvedésünk össze sem
hasonlítható azzal a dicsőséggel, amelyben részünk lesz."

ELMÉLKEDÉS

Ezen a héten, ahogy a siránkozás folyamatáról tanulunk, figyelmünket arra
irányítjuk, mit jelent Istenben bízni és bizalommal sírni. A siratóénekek
egyik alappillére a fordulópont, az a pillanat mikor az író, sírás közben,
kétségbeesetten felkiáltva, Isten felé irányuló bizalmát fejezi ki. Jeremiás
siralmaiban, Jeremiás próféta Istenbe vetett hitet tanúsít, bizalmat az Ő
jóságában, erejében és szentségében, még az abszolút pusztítás közepette is.

Már maga a siránkozás is a bizalom kinyilvánítása. Mikor veszteség, halál,
fájdalom és szomorúság miatt sírunk és gyászolunk, elismerjük, hogy
a dolgoknak nem így kellene lenniük. Hisszük, hogy Isten jó, viszont
körülményeink nem ezt mutatják nekünk. A sírás lehetővé teszi, hogy
fájdalmunkat és szomorúságunkat nyíltan kifejezzük Istennek. Mikor
arra kérjük Istent, tegyen valamit értünk és lépjen közbe, ezzel a hitünket
fejezzük ki. Ha nem hinnénk, hogy Isten képes lenne cselekedni értünk,
értelmetlen lenne kérésekkel fordulni Hozzá. Mikor panaszkodunk,
tulajdonképpen megosztjuk fájdalmunkat Istennel, és kifejezzük hitünket
mind az Ő képességében, mind pedig a hajlandóságában, hogy segíteni fog
rajtunk.

Miközben fájdalmunk nyílt kifejezése Isten felé a siránkozás egyik fontos
része, ugyanakkor a bizalom kinyilvánítása is. Talán sokszor nehéznek tűnik
Istenben bízni fájdalmaink mélysége közepette. Ezekben az időszakokban
olvashatjuk a Bibliát, amely kijelenti, hogy kicsoda Isten, milyen az
Ő szeretete irántunk, cselekvésre való hajlandósága, és a Benne való
biztonságunk.

A Róma 8:18–39 a tökéletes kiindulási pont. Ez az igerész elfogadja a
szenvedést, kifejezi a reménység szépségét, és hirdeti Isten változatlan
szeretetét. Ezen a héten többször is olvasni fogjuk az említett igerészt, és
minden nap más-más igazságra fogunk fókuszálni.

Ma az örökkévalóság fényében fogjuk elemezni a szenvedés témáját. Pál
nem kicsinyítette le vagy tartotta jelentéktelennek az általa és az első
gyülekezet által átélt szenvedést. Emlékeztette a római gyülekezetet,
hogy a szenvedés közelebb visz minket Krisztushoz, mert osztozunk az Ő
szenvedéseiben. De bármit tapasztalunk is, a mi szenvedésünk semmiség
ahhoz a dicsőséghez képest, amelyet akkor fogunk megtapasztalni, amikor a
mennyben egyesülünk majd Vele. Általa megdicsőülünk, és egyesülünk vele
szenvedésünkben.

Róma 8:18–39

18 Úgy gondolom, hogy a jelenlegi szenvedésünk össze sem hasonlítható azzal a dicsőséggel, amelyben részünk lesz. 19 Mert az egész teremtett világ feszült figyelemmel várja, hogy Isten nyilvánosságra hozza és láthatóvá tegye, hogy kik az ő fiai. 20 Azért várja ennyire, mert a teremtett világ az elmúlás hatalma alá van kényszerítve. Nem önként, hanem Isten akarata szerint, aki így rendelkezett. Ugyanakkor a teremtett világ is abban a reményben él, 21 hogy a romlás rabszolgaságából fel fog szabadulni, és ugyanazt a dicsőséges szabadságot fogja élvezni, amelyben Isten gyermekei élnek. 22 Jól tudjuk, hogy mind a mai napig az egész teremtett világ úgy nyög és vajúdik, mint a szülő asszony. 23 De nem csak a teremtett világ, hanem mi magunk is ugyanígy sóhajtozunk. Pedig mi előleget kaptunk a Szent Szellemből! Mégis sóhajtozva várjuk a testünk megváltását, hogy ezzel teljesen Isten fiaivá váljunk. 24 A teljes üdvösségünk ugyanis magában foglalja ezt a reménységet, a testünk megváltását is. Ezt azonban még nem láthatjuk. Ha már látható lenne, akkor nem kellene remélni. 25 Mivel azonban olyan valamit remélünk, amit még nem látunk, várjunk rá türelmesen! 26 Hasonlóképpen a Szent Szellem is segítségünkre siet abban, amiben erőtlenek vagyunk. Hiszen sokszor még azt sem tudjuk, hogy miért és hogyan imádkozzunk. A Szent Szellem azonban maga könyörög értünk, szavakkal ki sem fejezhető sóhajtásokkal. 27 Isten ugyanis jól tudja, mi van a szívünkben, és azt is, mi a Szent Szellem szándéka, mert ő Isten akarata szerint könyörög Isten népéért. 28 Egészen biztosak vagyunk benne, hogy minden összedolgozik azoknak a javára, akik Istent szeretik — akiket ő a saját terve szerint elhívott. 29 Hiszen őket Isten már a világ teremtése előtt ismerte. Sőt, külön is választotta őket, hogy a Fiához hasonlóvá váljanak. Igen,

azt akarta, hogy Fia legyen az elsőszülött a sok testvér között Isten nagy családjában. 30 Azt tervezte, hogy ezek a testvérek a Fiához hasonlítsanak. Ezeket a maga számára előre különválasztotta, azután elhívta, majd elfogadhatóvá tette őket, és dicsőséget is adott nekik. Isten szeretete Krisztus Jézusban 31 Mit is lehetne még hozzátenni ezekhez? Mivel Isten velünk van, ki lehet ellenünk?! 32 Hiszen ő még a saját Fiát sem kímélte meg, hanem odaadta értünk, mindnyájunkért! Akkor hogyne adna nekünk minden mást is a Fiával együtt? 33 Ki vádolhatja azokat, akiket Isten kiválasztott? Senki! Isten felmentette őket minden vád alól! 34 Akkor ki ítélhetné el őket? Talán Krisztus Jézus? Hiszen ő nemcsak meghalt, de fel is támadt értünk! Most pedig az Atya jobb oldalán ül, és közbenjár értünk az Atyánál! 35 Mi választhat el bennünket Krisztus szeretetétől? Elnyomás, szenvedés, nyomor, nehézségek, üldözés, éhínség, ruhátlanság, életveszély, vagy akár ha meg is ölnek bennünket? Nem, egyik sem! 36 Hiszen az Írás is azt mondja: „Érted gyilkolnak bennünket állandóan, olyannak tekintenek, mint a levágni való juhokat." 37 Mindezek ellenére, minden nehéz helyzetben mi vagyunk a győztesek! Sőt, még annál is többek — ő általa, aki szeretett bennünket. 38–39 Mert Isten szeretetétől semmi, de semmi nem tud minket elválasztani — ebben egészen biztos vagyok! Sem halál, sem élet, sem angyalok, sem az uralkodó szellemek, sem ami most van, vagy ami ezután következik, sem azok, akiknek hatalmuk van, semmi, ami a magasságban vagy a mélységben van, semmiféle teremtmény sem választhat el bennünket Isten irántunk való szeretetétől, amely Urunkban, Jézus Krisztusban mutatkozott meg.

NAPLÓ
gondolataid

....
....
....
....
....
....
....
....
....
....
....
....
....
....
....
....

IMÁK / *Róma 8:24–25*
IGEVERS / *másold ki az IMÁK-nál kijelölt igerészt*

MEGFIGYELÉS / *írj le 3-4 gondolatot, megjegyzést*

ÁTÜLTETÉS / *írj le 1-2 gyakorlati alkalmazást*

_____

_____

_____

_____

_____

_____

_____

_____

_____

_____

_____

KÖSZÖNET, KÉRÉS / *írd le az imádságodat azzal kapcsolatban, amit megértettél*

_____

_____

_____

_____

_____

_____

_____

_____

_____

_____

_____

_____

_____

_____

IMÁK

Róma 8:24–25

„A teljes üdvösségünk ugyanis magában foglalja ezt a reménységet, a testünk megváltását is. Ezt azonban még nem láthatjuk. Ha már látható lenne, akkor nem kellene remélni. Mivel azonban olyan valamit remélünk, amit még nem látunk, várjunk rá türelmesen!"

ELMÉLKEDÉS

Pál szavai a Róma 8-ban emlékeztetnek minket arra, hogy az Istenbe vetett bizalom nem passzív cselekvés. Ehelyett tudatos választás, mindennapos elköteleződés arra, hogy ne feledjük, ki Ő és mit ígért nekünk. Minden alkalommal, amikor az ígéreteibe kapaszkodunk, minden alkalommal, amikor arra emlékezünk, hogy Isten hogyan ígérte meg a megváltást, a hitünket növeljük.

A szenvedés, amit ebben a világban tapasztalunk, a bűn következménye. Személyes fájdalmunk talán nem a bűn következménye, de a megtörtség, a fájdalom, a megkötözöttség és a romlás oka a bűn. Még a teremtés is szenved a bűn súlya alatt, maga is a romlás rabságában van. Világunk szó szerint kiált és sóhajtozik, szabadságot és megváltást remélve.

Várjuk a megváltást. És amikor Krisztusban vagyunk, akkor megkapjuk a reménység ajándékát arra, ami eljövendő. Ő dicsőséges megváltást ígért, testünk fizikai és szellemi megváltását egyaránt, de ez még várat magára. Abban a feszültségben élünk, hogy tudjuk, mit ígért, és várjuk az eljövetelét. A „még nem" feszültségében élünk.

De a "még nem"-ben is a reménybe kapaszkodunk – a teljes megváltás reményébe, ami Jézus Krisztus munkája által lehetséges. A rabság közepette is ebbe a reménybe kapaszkodunk. A romlás közepette is ebbe a reménybe kapaszkodunk. Amikor testünk megtört, szeretteink meghalnak, vagy kormányaink összeomlanak, mi ebbe a reménybe kapaszkodunk. Mert ebben a reményben megmenekülünk. Amikor Krisztus munkájában, az Ő áldozatában, feltámadásában és visszajövetelében bizakodunk, akkor meg vagy0unk mentve.

Ez a remény ad erőt ahhoz, hogy folytassuk. A remény nélkül, hogy egy napon majd megtapasztaljuk Krisztus dicsőségét és teljes megváltásunkat, nincs okunk arra, hogy a bizalmat válasszuk. A mi aktív döntésünk, hogy naponta ragaszkodunk az Ő ígéreteihez, az, ami növeli reménységünket.

Lehet, hogy soha nem lesz könnyebb, de megtanulhatunk kitartani. Az állhatatosság egy gyakorlat, fegyelem. Egy futó nem futhatja le a maratont anélkül, hogy előtte ne futna le egy mérföldet, majd még egyet, és még egyet. Szenvednie kell az edzés alatt, hogy állóképességre tegyen szert, különben nem fogja befejezni a versenyt. Ugyanígy az állhatatosságot csak kitartással tanulhatjuk meg. Miközben úgy döntünk, hogy hisszük, hogy az, Aki megszabadított, meg is fog váltani minket a szenvedéstől, úgy építjük a kitartásunkat, miközben türelmetlenül várjuk az Ő visszatérését.

Róma 8:18–39

18 Úgy gondolom, hogy a jelenlegi szenvedésünk össze sem hasonlítható azzal a dicsőséggel, amelyben részünk lesz. 19 Mert az egész teremtett világ feszült figyelemmel várja, hogy Isten nyilvánosságra hozza és láthatóvá tegye, hogy kik az ő fiai. 20 Azért várja ennyire, mert a teremtett világ az elmúlás hatalma alá van kényszerítve. Nem önként, hanem Isten akarata szerint, aki így rendelkezett. Ugyanakkor a teremtett világ is abban a reményben él, 21 hogy a romlás rabszolgaságából fel fog szabadulni, és ugyanazt a dicsőséges szabadságot fogja élvezni, amelyben Isten gyermekei élnek.22 Jól tudjuk, hogy mind a mai napig az egész teremtett világ úgy nyög és vajúdik, mint a szülő asszony. 23 De nem csak a teremtett világ, hanem mi magunk is ugyanígy sóhajtozunk. Pedig mi előleget kaptunk a Szent Szellemből! Mégis sóhajtozva várjuk a testünk megváltását, hogy ezzel teljesen Isten fiaivá váljunk. 24 A teljes üdvösségünk ugyanis magában foglalja ezt a reménységet, a testünk megváltását is. Ezt azonban még nem láthatjuk. Ha már látható lenne, akkor nem kellene remélni. 25 Mivel azonban olyan valamit remélünk, amit még nem látunk, várjunk rá türelmesen! 26 Hasonlóképpen a Szent Szellem is segítségünkre siet abban, amiben erőtlenek vagyunk. Hiszen sokszor még azt sem tudjuk, hogy miért és hogyan imádkozzunk. A Szent Szellem azonban maga könyörög értünk, szavakkal ki sem fejezhető sóhajtásokkal. 27 Isten ugyanis jól tudja, mi van a szívünkben, és azt is, mi a Szent Szellem szándéka, mert ő Isten akarata szerint könyörög Isten népéért. 28 Egészen biztosak vagyunk benne, hogy minden összedolgozik azoknak a javára, akik Istent szeretik — akiket ő a saját terve szerint elhívott. 29 Hiszen őket Isten már a világ teremtése előtt ismerte. Sőt, külön is választotta őket, hogy a Fiához hasonlóvá váljanak. Igen,

azt akarta, hogy Fia legyen az elsőszülött a sok testvér között Isten nagy családjában. 30 Azt tervezte, hogy ezek a testvérek a Fiához hasonlítsanak. Ezeket a maga számára előre különválasztotta, azután elhívta, majd elfogadhatóvá tette őket, és dicsőséget is adott nekik. Isten szeretete Krisztus Jézusban 31 Mit is lehetne még hozzátenni ezekhez? Mivel Isten velünk van, ki lehet ellenünk?! 32 Hiszen ő még a saját Fiát sem kímélte meg, hanem odaadta értünk, mindnyájunkért! Akkor hogyne adna nekünk minden mást is a Fiával együtt? 33 Ki vádolhatja azokat, akiket Isten kiválasztott? Senki! Isten felmentette őket minden vád alól! 34 Akkor ki ítélhetné el őket? Talán Krisztus Jézus? Hiszen ő nemcsak meghalt, de fel is támadt értünk! Most pedig az Atya jobb oldalán ül, és közbenjár értünk az Atyánál! 35 Mi választhat el bennünket Krisztus szeretetétől? Elnyomás, szenvedés, nyomor, nehézségek, üldözés, éhínség, ruhátlanság, életveszély, vagy akár ha meg is ölnek bennünket? Nem, egyik sem! 36 Hiszen az Írás is azt mondja: „Érted gyilkolnak bennünket állandóan, olyannak tekintenek, mint a levágni való juhokat." 37 Mindezek ellenére, minden nehéz helyzetben mi vagyunk a győztesek! Sőt, még annál is többek — ő általa, aki szeretett bennünket. 38–39 Mert Isten szeretetétől semmi, de semmi nem tud minket elválasztani — ebben egészen biztos vagyok! Sem halál, sem élet, sem angyalok, sem az uralkodó szellemek, sem ami most van, vagy ami ezután következik, sem azok, akiknek hatalmuk van, semmi, ami a magasságban vagy a mélységben van, semmiféle teremtmény sem választhat el bennünket Isten irántunk való szeretetétől, amely Urunkban, Jézus Krisztusban mutatkozott meg.

NAPLÓ
gondolataid

....
....
....
....
....
....
....
....
....
....
....
....
....
....
....
....

IMÁK

IMÁK / *Róma 8:26*

IGEVERS / *másold ki az IMÁK-nál kijelölt igerészt*

_____

_____

_____

_____

_____

_____

_____

_____

_____

_____

_____

_____

_____

_____

_____

_____

_____

MEGFIGYELÉS / *írj le 3-4 gondolatot, megjegyzést*

_____

_____

_____

_____

_____

_____

_____

ÁTÜLTETÉS / *írj le 1-2 gyakorlati alkalmazást*

KÖSZÖNET, KÉRÉS / *írd le az imádságodat azzal kapcsolatban, amit megértettél*

IMÁK

Róma 8:26

*„Hasonlóképpen a Szent Szellem is segítségünkre siet abban,
amiben erőtlenek vagyunk. Hiszen sokszor még azt sem tudjuk,
hogy miért és hogyan imádkozzunk. A Szent Szellem azonban maga
könyörög értünk, szavakkal ki sem fejezhető sóhajtásokkal."*

ELMÉLKEDÉS

Ma, amikor folytatjuk a bizalomra való összpontosítást, egy új okot találunk arra, hogy bízzunk Istenben: ismeri a szívünket, a szükségeinket, a fájdalmunkat, és a körülményeinket, olyan bensőségesen, hogy imádkozik értünk. Célja van minden bánatunkkal, szenvedésünkkel, gyászunkkal és örömünkkel.

Mikor mély fájdalmakkal vagy veszteségekkel teli időszakok kellős közepén vagyunk, talán nehéz imádkozni. Lehetetlennek tűnhet megtalálni a megfelelő szavakat, amikkel ki tudnánk önteni szívünket Isten előtt. Ahogy a siránkozás gyakorlását tanulmányoztuk, rájöttünk, hogy Isten akarata az, hogy érzéseinket teljességgel kifejezzük. Ő arra bátorít minket, hogy feltegyük a legnehezebb kérdéseket, kifejezzük legmélyebb kételyünket és szavakba foglaljuk legsötétebb fájdalmunkat. Róma 8:26 leírja, hogy a Szentlélek, aki Maga Isten, imádkozik értünk, mikor mi gyengék vagyunk. Mikor nem tudjuk, mit imádkozzunk, vagy egyáltalán mikor, a Szentlélek, mindig, mindig közbenjár értünk az Atyánál.

Amikor a mély fájdalom vagy veszteség közepén vagyunk, az imádság nehéz lehet. Lehetetlennek tűnhet megtalálni a megfelelő szavakat, hogy kifejezzük szívünket Istennek. Ahogy a siránkozás gyakorlatát tanulmányoztuk, felfedeztük, hogy Isten azt akarja, hogy pontosan fejezzük ki azt, amit érzünk. Arra bátorít minket, hogy tegyük fel a legnehezebb kérdéseket, fejezzük ki legmélyebb kételyeinket, és fogalmazzuk meg szóban a legsötétebb fájdalmat. A Róma 8:26 azt mondja, hogy a Szent Szellem, aki Maga is Isten, segít nekünk gyengeségünkben azzal, hogy imádkozik értünk. Amikor nem tudjuk, mit imádkozzunk, és még akkor is, amikor tudjuk, a Szent Szellem mindig, minden esetben közbenjár értünk az Atyánál.

Amikor Krisztusba vetjük hitünket, a Szent Szellem bennünk lakozik. Mindig velünk van, mindig képes megvigasztalni minket. A Szellem a szívünket is megvizsgálja. Ismeri legnagyobb kívánságainkat, legmélyebb vágyainkat, és ki nem mondott félelmeinket. És imádkozik értünk! A Szent Szellem nemcsak Isten akaratát ismeri (mert Ő maga Isten), hanem ismeri szívünk kívánságait és vágyait is. Képes úgy imádkozni értünk, ahogy mi sosem tudnánk. Mind Isten akarata, mind szívünk vágyai szerint imádkozik.

Ez egy megdöbbentő igazság! Amikor felismerjük, hogy valaki bensőségesen ismer minket, és Isten akarata és a mi vágyaink szerint imádkozik értünk, akkor tisztábban láthatjuk, hogyan munkálkodik Isten. Ő valóban minden dolgot a javunkra tesz. De a mi javunk és a mi kényelmünk nem ugyanazt jelenti. A mi javunk az, hogy Krisztus képmásához igazodjunk. Bár nagy szenvedést és fájdalmat tapasztalhatunk meg e folyamat során, elhihetjük, hogy Isten mindig, minden esetben a javunkra munkálkodik.

És tudd meg: az Ő ígérete, hogy visszatér és megdicsőít minket, ugyanolyan biztos, mint az Ő ígérete, hogy megvált minket a bűntől. Nemcsak megigazít minket, hanem azt ígéri, hogy meg is dicsőít. Ebben a reményben biztonságban lehetünk. Mert a jelenlegi szenvedések nem hasonlíthatók az eljövendő dicsőséghez.

Róma 8:18–39

18 Úgy gondolom, hogy a jelenlegi szenvedésünk össze sem hasonlítható azzal a dicsőséggel, amelyben részünk lesz. 19 Mert az egész teremtett világ feszült figyelemmel várja, hogy Isten nyilvánosságra hozza és láthatóvá tegye, hogy kik az ő fiai. 20 Azért várja ennyire, mert a teremtett világ az elmúlás hatalma alá van kényszerítve. Nem önként, hanem Isten akarata szerint, aki így rendelkezett. Ugyanakkor a teremtett világ is abban a reményben él, 21 hogy a romlás rabszolgaságából fel fog szabadulni, és ugyanazt a dicsőséges szabadságot fogja élvezni, amelyben Isten gyermekei élnek. 22 Jól tudjuk, hogy mind a mai napig az egész teremtett világ úgy nyög és vajúdik, mint a szülő asszony. 23 De nem csak a teremtett világ, hanem mi magunk is ugyanígy sóhajtozunk. Pedig mi előleget kaptunk a Szent Szellemből! Mégis sóhajtozva várjuk a testünk megváltását, hogy ezzel teljesen Isten fiaivá váljunk. 24 A teljes üdvösségünk ugyanis magában foglalja ezt a reménységet, a testünk megváltását is. Ezt azonban még nem láthatjuk. Ha már látható lenne, akkor nem kellene remélni. 25 Mivel azonban olyan valamit remélünk, amit még nem látunk, várjunk rá türelmesen! 26 Hasonlóképpen a Szent Szellem is segítségünkre siet abban, amiben erőtlenek vagyunk. Hiszen sokszor még azt sem tudjuk, hogy miért és hogyan imádkozzunk. A Szent Szellem azonban maga könyörög értünk, szavakkal ki sem fejezhető sóhajtásokkal. 27 Isten ugyanis jól tudja, mi van a szívünkben, és azt is, mi a Szent Szellem szándéka, mert ő Isten akarata szerint könyörög Isten népéért. 28 Egészen biztosak vagyunk benne, hogy minden összedolgozik azoknak a javára, akik Istent szeretik — akiket ő a saját terve szerint elhívott. 29 Hiszen őket Isten már a világ teremtése előtt ismerte. Sőt, külön is választotta őket, hogy a Fiához hasonlóvá váljanak. Igen,

azt akarta, hogy Fia legyen az elsőszülött a sok testvér között Isten nagy családjában. 30 Azt tervezte, hogy ezek a testvérek a Fiához hasonlítsanak. Ezeket a maga számára előre különválasztotta, azután elhívta, majd elfogadhatóvá tette őket, és dicsőséget is adott nekik. Isten szeretete Krisztus Jézusban 31 Mit is lehetne még hozzátenni ezekhez? Mivel Isten velünk van, ki lehet ellenünk?! 32 Hiszen ő még a saját Fiát sem kímélte meg, hanem odaadta értünk, mindnyájunkért! Akkor hogyne adna nekünk minden mást is a Fiával együtt? 33 Ki vádolhatja azokat, akiket Isten kiválasztott? Senki! Isten felmentette őket minden vád alól! 34 Akkor ki ítélhetné el őket? Talán Krisztus Jézus? Hiszen ő nemcsak meghalt, de fel is támadt értünk! Most pedig az Atya jobb oldalán ül, és közbenjár értünk az Atyánál! 35 Mi választhat el bennünket Krisztus szeretetétől? Elnyomás, szenvedés, nyomor, nehézségek, üldözés, éhínség, ruhátlanság, életveszély, vagy akár ha meg is ölnek bennünket? Nem, egyik sem! 36 Hiszen az Írás is azt mondja: „Érted gyilkolnak bennünket állandóan, olyannak tekintenek, mint a levágni való juhokat." 37 Mindezek ellenére, minden nehéz helyzetben mi vagyunk a győztesek! Sőt, még annál is többek — ő általa, aki szeretett bennünket. 38–39 Mert Isten szeretetétől semmi, de semmi nem tud minket elválasztani — ebben egészen biztos vagyok! Sem halál, sem élet, sem angyalok, sem az uralkodó szellemek, sem ami most van, vagy ami ezután következik, sem azok, akiknek hatalmuk van, semmi, ami a magasságban vagy a mélységben van, semmiféle teremtmény sem választhat el bennünket Isten irántunk való szeretetétől, amely Urunkban, Jézus Krisztusban mutatkozott meg.

NAPLÓ
gondolataid

....
....
....
....
....
....
....
....
....
....
....
....
....
....
....
....
....

IMÁK / *Róma 8:31–32*
IGEVERS / *másold ki az IMÁK-nál kijelölt igerészt*

MEGFIGYELÉS / *írj le 3-4 gondolatot, megjegyzést*

ÁTÜLTETÉS / *írj le 1-2 gyakorlati alkalmazást*

KÖSZÖNET, KÉRÉS / *írd le az imádságodat azzal kapcsolatban, amit megértettél*

IMÁK

Róma 8:31–32

„Mit is lehetne még hozzátenni ezekhez? Mivel Isten velünk van, ki lehet ellenünk?! Hiszen ő még a saját Fiát sem kímélte meg, hanem odaadta értünk, mindnyájunkért! Akkor hogyne adna nekünk minden mást is a Fiával együtt?"

ELMÉLKEDÉS

Ahogy Pál ezt a részt lezárta, egy sor retorikai kérdést sorakoztatott fel. Arra kérte az olvasóit, hogy elmélkedjenek ezeken a gondolatokon, amik ellentétesek azzal, amit a világ hisz. Ahelyett, hogy minden tőlünk telhetőt megtennénk azért, hogy elkerüljük a szenvedést, Pál arra buzdított, hogy használjuk fel az ilyen helyzeteket reménységünk növelésére. Ahelyett, hogy gyengeségünkben kétségbeesnénk, arra vagyunk elhívva, hogy támaszkodjunk a Szent Szellem vigasztalására, tudva azt, hogy Ő imádkozik értünk.

Ha mindezek igazak, mire következtethetünk belőlük? Mit mondhatunk? Isten értünk van, tehát semmi sem lehet ellenünk. Isten hajlandó volt odaadni az Ő egyszülött Fiát, hogy nekünk örök életünk legyen Benne. Ő már meghozta a végső áldozatot – bízhatunk abban, hogy még a legmélyebb fájdalmak közepette is a javunkra munkálkodik.

Kétségtelen, hogy a római keresztényeknek sok ellenféllel kellett szembenézniük mind hitük, mind a szolgálatuk szempontjából. Pál még akkor is, amikor életét adta Krisztusért, arra emlékeztette olvasóit, hogy a Krisztusban hívők ellen igazán semmi sincs, mert Isten értük van.

Amikor Isten a mi érdekünkben cselekszik, semmi és senki nem állhat ellene. Mindent nekünk adott. Krisztusban megigazulunk a bűntől, és megdicsőülünk Vele együtt. Miközben megváltásunkra várunk, Ő mindent megadott nekünk, ami szükséges a kitartáshoz, mindent, ami szükséges a reménységhez, és mindent, ami szükséges ahhoz, hogy Krisztus képmására változzunk át.

A sötétség, a fájdalom, a veszteség, a gyász, az elnyomás és a betegség időszakaiban könnyű lehet elveszíteni a reménységünket. Könnyű lehet úgy dönteni, hogy nem Istenben bízunk, hanem inkább magunkban vagy a földi vigaszokban. De Isten az egyetlen, Aki mindent nekünk adott. Ha Krisztusban vagy, Ő soha nincs ellened, még akkor sem, amikor talán úgy érzed. Ő mindig jelen van. Az Ő Szent Szellem mindig imádkozik érted. Mindig a te javadra munkálkodik. Folyamatosan Krisztus hasonlatosságára formál téged. Ő megigazított téged, és ezen semmi sem változtathat. Maga Krisztus pedig az Atya jobbján van, és folyamatosan közbenjár érted. Ő érted van.

Róma 8:18–39

18 Úgy gondolom, hogy a jelenlegi szenvedésünk össze sem hasonlítható azzal a dicsőséggel, amelyben részünk lesz. 19 Mert az egész teremtett világ feszült figyelemmel várja, hogy Isten nyilvánosságra hozza és láthatóvá tegye, hogy kik az ő fiai. 20 Azért várja ennyire, mert a teremtett világ az elmúlás hatalma alá van kényszerítve. Nem önként, hanem Isten akarata szerint, aki így rendelkezett. Ugyanakkor a teremtett világ is abban a reményben él, 21 hogy a romlás rabszolgaságából fel fog szabadulni, és ugyanazt a dicsőséges szabadságot fogja élvezni, amelyben Isten gyermekei élnek.22 Jól tudjuk, hogy mind a mai napig az egész teremtett világ úgy nyög és vajúdik, mint a szülő asszony. 23 De nem csak a teremtett világ, hanem mi magunk is ugyanígy sóhajtozunk. Pedig mi előleget kaptunk a Szent Szellemből! Mégis sóhajtozva várjuk a testünk megváltását, hogy ezzel teljesen Isten fiaivá váljunk. 24 A teljes üdvösségünk ugyanis magában foglalja ezt a reménységet, a testünk megváltását is. Ezt azonban még nem láthatjuk. Ha már látható lenne, akkor nem kellene remélni. 25 Mivel azonban olyan valamit remélünk, amit még nem látunk, várjunk rá türelmesen! 26 Hasonlóképpen a Szent Szellem is segítségünkre siet abban, amiben erőtlenek vagyunk. Hiszen sokszor még azt sem tudjuk, hogy miért és hogyan imádkozzunk. A Szent Szellem azonban maga könyörög értünk, szavakkal ki sem fejezhető sóhajtásokkal. 27 Isten ugyanis jól tudja, mi van a szívünkben, és azt is, mi a Szent Szellem szándéka, mert ő Isten akarata szerint könyörög Isten népéért. 28 Egészen biztosak vagyunk benne, hogy minden összedolgozik azoknak a javára, akik Istent szeretik — akiket ő a saját terve szerint elhívott. 29 Hiszen őket Isten már a világ teremtése előtt ismerte. Sőt, külön is választotta őket, hogy a Fiához hasonlóvá váljanak. Igen,

azt akarta, hogy Fia legyen az elsőszülött a sok testvér között Isten nagy családjában. 30 Azt tervezte, hogy ezek a testvérek a Fiához hasonlítsanak. Ezeket a maga számára előre különválasztotta, azután elhívta, majd elfogadhatóvá tette őket, és dicsőséget is adott nekik. Isten szeretete Krisztus Jézusban 31 Mit is lehetne még hozzátenni ezekhez? Mivel Isten velünk van, ki lehet ellenünk?! 32 Hiszen ő még a saját Fiát sem kímélte meg, hanem odaadta értünk, mindnyájunkért! Akkor hogyne adna nekünk minden mást is a Fiával együtt? 33 Ki vádolhatja azokat, akiket Isten kiválasztott? Senki! Isten felmentette őket minden vád alól! 34 Akkor ki ítélhetné el őket? Talán Krisztus Jézus? Hiszen ő nemcsak meghalt, de fel is támadt értünk! Most pedig az Atya jobb oldalán ül, és közbenjár értünk az Atyánál! 35 Mi választhat el bennünket Krisztus szeretetétől? Elnyomás, szenvedés, nyomor, nehézségek, üldözés, éhínség, ruhátlanság, életveszély, vagy akár ha meg is ölnek bennünket? Nem, egyik sem! 36 Hiszen az Írás is azt mondja: „Érted gyilkolnak bennünket állandóan, olyannak tekintenek, mint a levágni való juhokat." 37 Mindezek ellenére, minden nehéz helyzetben mi vagyunk a győztesek! Sőt, még annál is többek — ő általa, aki szeretett bennünket. 38–39 Mert Isten szeretetétől semmi, de semmi nem tud minket elválasztani — ebben egészen biztos vagyok! Sem halál, sem élet, sem angyalok, sem az uralkodó szellemek, sem ami most van, vagy ami ezután következik, sem azok, akiknek hatalmuk van, semmi, ami a magasságban vagy a mélységben van, semmiféle teremtmény sem választhat el bennünket Isten irántunk való szeretetétől, amely Urunkban, Jézus Krisztusban mutatkozott meg.

NAPLÓ
gondolataid

....
....
....
....
....
....
....
....
....
....
....
....
....
....
....
....
....

IMÁK / *Róma 8:38–39*

IGEVERS / *másold ki az IMÁK-nál kijelölt igerészt*

_____

_____

_____

_____

_____

_____

_____

_____

_____

_____

_____

_____

_____

_____

_____

_____

_____

_____

_____

MEGFIGYELÉS / *írj le 3-4 gondolatot, megjegyzést*

_____

_____

_____

_____

_____

_____

_____

_____

ÁTÜLTETÉS / *írj le 1-2 gyakorlati alkalmazást*

KÖSZÖNET, KÉRÉS / *írd le az imádságodat azzal kapcsolatban, amit megértettél*

IMÁK

Róma 8:38–39

„Mert Isten szeretetétől semmi, de semmi nem tud minket elválasztani — ebben egészen biztos vagyok! Sem halál, sem élet, sem angyalok, sem az uralkodó szellemek, sem ami most van, vagy ami ezután következik, sem azok, akiknek hatalmuk van, semmi, ami a magasságban vagy a mélységben van, semmiféle teremtmény sem választhat el bennünket Isten irántunk való szeretetétől, amely Urunkban, Jézus Krisztusban mutatkozott meg."

ELMÉLKEDÉS

A siránkozás, mint ahogy már megtanultuk, egy gyakorlat. Ez egy eszköz arra, hogy kifejezzük szívünket Istennek, a szomorúság és veszteség időszakában. Gyakran ezek az időszakok olyan hosszúnak, sötétnek vagy nehéznek tűnhetnek, hogy azt érezzük, talán soha nem leszünk túl rajtuk.

Pál szavai a rómaiakhoz írt levelében arra emlékeztetnek, hogy semmi, de semmi, nem választhat el minket Isten szeretetétől. Függetlenül attól, hogy mit érzünk, az Ő szeretete soha nem változik. Ő soha nem változik. És amikor a körülményeink kiszámíthatatlanok, amikor olyan elveszettnek érezzük magunkat a kétségbeesésben, Ő soha nem változik, és az Ő irántunk való szeretete soha nem múlik el.

A siránkozás gyakorlata magában foglalja az Istenbe vetett bizalmunk kifejezését is. Ezt a bizalmat egyszerűen a Szentírás ismételgetésével is kifejezhetjük, miközben abba kapaszkodunk, ami igaz, nem pedig abba, amit érzünk. A Róma 8:38–39 Pál saját hitvallását rögzíti. Megosztja olvasóival, hogy meg van győződve arról, hogy semmi sem választhatja el őt Isten szeretetétől a Krisztus Jézusban.

Amikor Pál a rómaiaknak szóló levelét írta, sok megpróbáltatást élt át Krisztus ügyéért. Ezen felül Pál maga is üldözte a keresztényeket. Első kézből tapasztalta, hogy István még halálában is bízott Krisztusban (Apostolok cselekedetei 7:54–8:1). Személyesen tapasztalta meg az uralkodó hatóságok üldözését (Apostolok cselekedetei 9:23–25), a gyülekezeten belüli konfliktusokat (Apostolok cselekedetei 15) és a bebörtönzést (Apostolok cselekedetei 16:16–40). Ha visszaemlékszünk Pál tapasztalataira, láthatjuk, hogy mennyire igaz a 38–39-es versekben tett kijelentése. Semmi, egyetlen dolog sem, amit ő vagy bárki más megtapasztalt, nem tudta elválasztani őt Isten szeretetétől.

Fájdalmas időszakok jönnek és mennek életünk során. Amikor felvértezzük magunkat az igazsággal, akkor ezekben a nehéz időszakokban is hirdethetjük Istenbe vetett bizalmunkat még a siránkozás közepette is. Bizalom nélkül a panaszunk reménytelen. Ha nem hisszük, hogy Istenünk mellettünk van, a fájdalom legyengíthet. De amikor meg vagyunk győződve arról, hogy semmi sem választhat el minket az Ő szeretetétől, siránkozásunk dicséretté válik. A bizalomról szóló nyilatkozataink dicsőséget szereznek az Úrnak, függetlenül attól, hogy milyen sötétek vagy kétségbeejtőek a körülményeink.

1. Mik a "jelenlegi szenvedéseid?" Hiszel abban, hogy ezek a dolgok nem hasonlíthatók ahhoz az eljövendő dicsőséghez, ami Krisztusban van? Miért / miért nem?

....

....

....

2. Hogyan függ össze a remény és a kitartás? Hogyan tudod elviselni a szenvedést anélkül, hogy figyelmen kívül hagynád vagy lebecsülnéd? Bízol Istenben, hogy segít neked kitartani?

....

....

....

3. Hogyan tapasztaltad meg a Szent Szellem segítségét, amikor gyenge voltál? Megnyugtatónak találod, hogy a Szent Szellem közbenjár érted? Miért / miért nem?

....

....

....

4. Hiszed, hogy Isten mindenben a te javadra munkálkodik? Hiszel abban, hogy Ő érted van? Hogyan lehetsz biztos ebben?

....

....

....

5. Szembesültél már olyasmivel, ami úgy tűnt, hogy elválaszt Isten szeretetétől? Mi lett az eredménye?

....

....

....

„Gyászomat örömre fordítottad! Levetted rólam a szomorúság gyászruháját, és víg örömbe öltöztettél, hogy dicsérjelek, és soha ne hallgassak el! Örökkévaló, én Istenem, örökké dicsérlek téged!"

Zsoltárok 30:11-12

IMÁDKOZZ

*Írd le azokat a dolgokat, amelyekért ezen
a héten imádkozol és hálát adsz.*

....

....

....

....

....

....

....

....

....

....

....

....

HETI KIHÍVÁS

*Kötelezd el magad, hogy ezen a héten minden nap dicsőíted Istent. Kezdd öt perccel, és ha tudod,
növeld tovább! Olvass végig egy dicsőítő zsoltárt, vagy használd a saját szavaidat! Amikor Istent
magasztaljuk, visszaemlékezünk az Ő irántunk való szeretetére és arra, hogy képes hatalmasan
cselekedni az életünkben.*

....

....

....

....

....

....

....

Zsoltárok 30.

Dávid zsoltára, templomszentelési ének. 1 Dicsérlek, Örökkévaló, mert felemeltél, nem engedted, hogy ellenségeim legyőzzenek! 2 Örökkévaló, Istenem, segítségért kiáltottam hozzád, és meggyógyítottál. 3 Kiemelted lelkemet a halottak országából, megmentettél, hogy ne szálljak a sírba. 4 Ti, akik az Örökkévalót hűséggel követitek, énekeljetek zsoltárokat neki, dicsérjétek szent nevét! 5 Mert haragja csak pillanatig tart, de jósága egész életemben kísér! Este sírva fekszem le, de reggel már örömre ébredek. 6 Amíg jól ment sorom, azt gondoltam, semmi baj nem érhet. 7 Amíg kegyelmed körülvett, az élet csúcsán éreztem magam. De mikor elfordítottad arcodat tőlem, halálra rémültem. 8 Hozzád kiáltottam, Örökkévaló, kegyelemért könyörögtem: 9 „Mi haszna, ha meghalok, ha sírba szállok? Ha porrá leszek, dicsér-e téged az a por? Hirdeti-e hűségedet az embereknek?" 10 Hallgass meg, Örökkévaló, könyörülj meg rajtam! Ó, Örökkévaló, segíts! 11 Gyászomat örömre fordítottad! Levetted rólam a szomorúság gyászruháját, és víg örömbe öltöztettél, 12 hogy dicsérjelek, és soha ne hallgassak el! Örökkévaló, én Istenem, örökké dicsérlek téged!

IMÁK / *Zsoltárok 30:11–12*
IGEVERS / *másold ki az IMÁK-nál kijelölt igerészt*

MEGFIGYELÉS / *írj le 3-4 gondolatot, megjegyzést*

ÁTÜLTETÉS / *írj le 1-2 gyakorlati alkalmazást*

KÖSZÖNET, KÉRÉS / *írd le az imádságodat azzal kapcsolatban, amit megértettél*

IMÁK

Zsoltárok 30:11–12

„Gyászomat örömre fordítottad! Levetted rólam a szomorúság gyászruháját, és víg örömbe öltöztettél, hogy dicsérjelek, és soha ne hallgassak el! Örökkévaló, én Istenem, örökké dicsérlek téged!"

ELMÉLKEDÉS

A dicsőítés létfontosságú eleme a siránkozás folyamatának. A siránkozás több, mint hogy elmondjuk Istennek a legmélyebb sérelmeinket és szükségeinket; amikor siránkozunk, kinyilvánítjuk, hogy hiszünk Isten jellemében és erejében, és abban, hogy képes és akar értünk cselekedni. A dicsőítés az, ami megkülönbözteti a siránkozást a panaszkodástól. A dicsőítés teszi teljessé a siránkozást. Miután kifejezzük fájdalmunkat Istennek, megvalljuk az Ő szentségét, ami a körülményeinktől független, nem változik.

Ezen a héten öt dicsőítő zsoltárt tanulmányozunk és felhasználjuk őket a siránkozásban. Amikor Istent dicsőítjük, emlékeztetjük magunkat arra, hogy ki Ő; ez segít, hogy a körülményeink helyett a Megváltónkra összpontosítsunk.

A 30. zsoltárt Dávid király írta. Dávid sok nehézséget és fájdalmat élt át, és ez a zsoltár bizonyságtétel arról, ahogyan Isten helyreállította és megszabadította őt. Ez a zsoltár a jeruzsálemi templom felszentelésére íródott. Dávid azonban meghalt, mielőtt a templom megépült. Ezt az éneket arra várva írta, hogy Isten megtegye, amit megígért – vagyis, hogy engedje meg Dávid fiának, hogy templomot építsen Jeruzsálemben.

Sokat tanulhatunk a dávidi Zsoltárok felépítéséből, miközben saját dicséretünk formáját alakítjuk ki. Dávid dicsőítéssel kezdi, megköszönve Istennek, hogy megszabadította az ellenségeitől. Dicséri Istent, mert megmentette, megbocsátott neki és megkönyörült rajta. Dávid elismeri hogy bűnös, megtapasztalta Isten haragját a bűne miatt, és hogy nem méltó az irgalomra, amit Isten mutatott felé, ami több volt, mint amit érdemelt. Dicsőíti Istent folytonos szabadításáért, állandó jelenlétéért és tökéletes jelleméért.

Szánj ma időt arra, hogy hangosan mondd el Istennek imádságként a 30. zsoltárt. Egészítsd ki saját megtapasztalásaiddal, ha tudod, vagy egyszerűen ismételd meg Dávid szavait. Amikor Dávid ezt a zsoltárt megírta, nem látta beteljesedni Isten ígéretét, hogy templomot építhet, de bízott abban, hogy Isten megtartja, amit ígért. A fájdalmak idején biztosak lehetünk abban, hogy Istenünk az, akinek mondja magát. Ő az ígéretét megtartó Isten, az irgalom Istene, aki a siránkozást táncra változtatja, aki leveti a zsákruhánkat és örömmel ruház fel bennünket. Adjunk hálát Neki mindig.

Zsoltárok 9.

A zenészek vezetőjének. Dávid zsoltára. 1 Dicsérlek, Örökkévaló, teljes szívemből! Elsorolom csodálatos tetteidet. 2 Vigadok és örülök neked, énekkel dicsérem neved, ó Felséges! 3 Miattad hátat fordítanak ellenségeim, elfutnak előled, földre esnek, megsemmisülnek egészen. 4 Mert trónodra ültél, mint igazságos bíró, ítéletet hoztál, és javamra ítéltél. 5 Megfenyítetted a nemzeteket, elpusztítottad a gonoszokat, még a nevüket is örökre eltörölted. 6 Elpusztult az ellenség, városai rommá lettek. Végleg kigyomláltad őket, még emlékük is örökre elveszett. 7 De örökké uralkodik az Örökkévaló! Ítélkezéshez állította fel trónját, 8 igazságosan ítél meg minden embert. Bizony, méltányosan ítéli a nemzeteket! 9 Az elnyomottaknak az Örökkévaló lesz biztos menedékük, magas kővár a veszedelem idején. 10 Ezért bíznak benned, akik igazán ismernek téged, mert te, Örökkévaló, nem hagyod el, aki hozzád fordul segítségért. 11 Énekeljetek dicséretet az Örökkévalónak, aki Sionban lakik! Hirdessétek a népek között hatalmas tetteit! 12 Mert számon kéri az Örökkévaló a gyilkostól áldozata vérét, és nem felejti el a nyomorultak jajkiáltásait! 13 Könyörülj rajtam, Uram! Nézd, hogyan üldöznek ellenségeim! Ments ki a halál kapujából, 14 hogy Jeruzsálem kapujában dicsérhesselek, és örülhessek, hogy megszabadítottál! 15 A nemzetek beleestek a verembe, amelyet másoknak ástak, és csapdájuk saját lábukat fogta meg. 16 Így mutatta meg nekik az Örökkévaló, hogy igazságosan ítél: a gonoszt saját csapdájában fogta meg. Higgajon Szela 17 A gonosz emberek a halottak országába kerülnek. Bizony, oda jut minden nép, amely elfeledkezik Istenről! 18 De az Örökkévaló nem felejti el az alázatos szegényeket: meglátják, hogy nem hiába reménykedtek benne! 19 Kelj fel, Örökkévaló! Ne tűrd tovább az erőszakosságot! Állítsd magad elé, ítéld meg a népeket! 20 Tanítsd meg őket, hogy féljenek téged! Hadd tudják meg, hogy csupán halandó emberek! Szela

IMÁK

IMÁK / *Zsoltárok 9:10*
IGEVERS / *másold ki az IMÁK-nál kijelölt igerészt*

_____

MEGFIGYELÉS / *írj le 3-4 gondolatot, megjegyzést*

ÁTÜLTETÉS / *írj le 1-2 gyakorlati alkalmazást*

_____

_____

_____

_____

_____

_____

_____

_____

_____

_____

_____

_____

_____

KÖSZÖNET, KÉRÉS / *írd le az imádságodat azzal kapcsolatban, amit megértettél*

_____

_____

_____

_____

_____

_____

_____

_____

_____

_____

_____

_____

_____

_____

_____

_____

IMÁK

Zsoltárok 9:10

*„Ezért bíznak benned, akik igazán ismernek téged, mert te,
Örökkévaló, nem hagyod el, aki hozzád fordul segítségért."*

ELMÉLKEDÉS

A fájdalom és bánat idején az utolsó dolog, amit tenni szeretnénk, Isten dicsőítése. A dicsőítés azonban nélkülözhetetlen a hitünk gyakorlásában. Amikor Istent dicsérjük, kinyilvánítjuk az Ő fenségét mind magunknak, mind pedig neki. A dicsőítés emlékeztet arra, hogy kicsoda Isten, ugyanakkor az imádatunkat kifejező cselekmény is. Amikor bizonyosak vagyunk abban, hogy Isten szeret, új megvilágításban láthatjuk a fájdalmunkat.

A Zsoltárok 9 ugyancsak dicsőítő zsoltár. Ezt a zsoltárt is Dávid írta, bár a szövegből nem derül ki semmi a keletkezése körülményeiről. Tudjuk, hogy Dávid sokat harcolt az ellenségeivel. Isten azonban mindig megszabadította őt. A Zsoltárok 9 sokféle elemből áll: benne van a hála és dicsőítés kinyilvánítása, megemlékezés arról, hogy Isten hogyan pusztította el ellenségeit, Isten jellemének leírása, a gyülekezet buzdítása dicsőítésre, a folytonos dicséret ígérete, egy kijelentés Isten igazságosságáról a gonoszokkal szemben, és Istenhez intézett kérés, hogy ítélje meg a nemzeteket.

Nincs képlet a dicsőítésre, de tanulhatunk Dávidtól. Dávidot a dicsőítése emlékeztette arra, hogy miként cselekedett Isten a múltban, ezért biztos lehetett abban, hogy Isten cselekedni fog a jelen körülményei között is. Szeretett volna megszabadulni az ellenségeitől, ezért felidézte magában azokat az időket, amikor Isten a múltban megszabadította őt tőlük. Azáltal, hogy nyilvánvalóvá tette Isten hűségét a múltban, Dávid bízhatott az Ő hűségében a jövőre nézve is. Miközben dicsőítette Istent a jelleméért, megemlékezett arról, hogy Isten képes őt megmenteni.

A dicséretben részt kell vennie másoknak is. Ezért Dávid ösztönzi a gyülekezetet: "énekeljetek dicséretet az Örökkévalónak" és "hirdessétek a népek között hatalmas tetteit" (11. vers). Ez a zsoltár a zenészek vezetőjének íródott, annak a személynek, aki az embereket közös dicsőítésben Isten elé vezeti. Dávid arra hívja az embereket, hogy emlékezzenek meg mindarról, amit tett Isten értük, és hirdessék a nemzeteknek az Ő tetteit.

Dávid dicsőítése tartalmaz egy kérést is. Miután dicséri Istent, hogy elpusztította ellenségeit, Dávid arra kéri Őt, hogy ítélje meg a gonoszokat. A kérések a dicséret részei. Amikor kérjük Istent, hogy gondoskodjon a szükségeinkről, ezzel azt is kijelentjük, hogy képes rá és kész is megtenni. Dicséreteink és kéréseink megtisztelik Őt, mivel mindkettő azt igazolja, hogy hiszünk Őbenne.

Zsoltárok 116.

1 Szeretem az Örökkévalót, mert meghallgatja imádságomat. 2 Bizony, ő figyel rám, ezért tőle kérek segítséget, amíg csak élek! 3 A halál kötelei tekeredtek rám, a halottak országának félelme szorongatott, bánat és rettegés nehezedett rám. 4 De az Örökkévalóhoz kiáltottam segítségért: „Kérlek, Örökkévaló, mentsd meg lelkemet!" 5 Kegyelmes és igazságos az Örökkévaló, együtt érző és könyörületes. 6 Megőrzi a védteleneket. Mikor elesett voltam, megsegített engem is! 7 Nyugodj meg, lelkem, mert az Örökkévaló jót tett veled, és gondot visel rád! 8 Örökkévaló, kihúztad lelkem a halál torkából, megmentetted szemem a sírástól, megóvtad lábam a botlástól és eleséstől! 9 Ezért az Örökkévaló jelenlétében járok az élők között, itt a földön! 10 Hittem, most is hiszek, ezért szólok, pedig nagyon körülvettek a gondok és bajok! 11 Haragomban azt mondtam: „Minden ember hazug!" 12 Mivel viszonozhatnám az Örökkévalónak, hogy gondot visel rólam? 13 Fölemelem a szabadulás poharát, és az Örökkévaló nevét hívom segítségül! 14 Az egész nép szeme láttára teljesítem, amit az Örökkévalónak fogadtam. 15 Az Örökkévaló számára nagyon értékes hűséges követőinek halála. 16 Ó, Örökkévaló, szolgád vagyok! Igen, a te szolgád vagyok, mint már anyám is volt. Te vetted le rólam a halál köteleit! 17 Hálaáldozatot hozok neked, és nevedet hívom segítségül, így tisztellek téged! 18 Teljesítem, amit az Örökkévalónak fogadtam, az egész nép előtt, 19 az Örökkévaló házának udvaraiban, Jeruzsálem közepén! Dicsérjétek az Örökkévalót! Hallelújah!

IMÁK

IMÁK / *Zsoltárok 116:12–13*

IGEVERS / *másold ki az IMÁK-nál kijelölt igerészt*

_____

_____

_____

_____

_____

_____

_____

_____

_____

_____

_____

_____

_____

_____

_____

_____

_____

MEGFIGYELÉS / *írj le 3-4 gondolatot, megjegyzést*

_____

_____

_____

_____

_____

_____

_____

_____

ÁTÜLTETÉS / *írj le 1-2 gyakorlati alkalmazást*

KÖSZÖNET, KÉRÉS / *írd le az imádságodat azzal kapcsolatban, amit megértettél*

IMÁK

Zsoltárok 116:12–13

„Mivel viszonozhatnám az Örökkévalónak, hogy gondot visel rólam? Fölemelem a szabadulás poharát, és az Örökkévaló nevét hívom segítségül!"

ELMÉLKEDÉS

A Zsoltárok 116 gyönyörű dicséret az Úrnak. A zsoltáros azért magasztalja az Urat, mert megszabadította a haláltól, a fájdalomtól, a bajtól és a bánattól. Ez egy a Hallél-zsoltárok* közül; ezeket a dicsőítő énekeket húsvétkor (Pészah) és más zsidó ünnepeken énekelték. Ezek¬et a zsoltárokat minden évben elszavalták vagy elénekelték, hogy emlékezzenek arra, miként szabadította meg az Úr a népét az egyiptomiaktól.

Ez a zsoltár Isten hűségére emlékeztet. Az író elbeszéli, hogy Isten milyen sokféle módon szabadította meg a bajból. Arra is figyelmezteti önmagát, hogy nyugodjon meg mert Isten jót tett vele (7. vers). A zsoltáros a folytatásban elmondja, hogyan mentette meg Isten a haláltól, és hogy Isten szabadításáért szolgálni kívánja az Urat. Szeretné viszonozni Istennek a jóságát (12. vers), amire az ember soha nem képes. De a vágya, hogy így tegyen, megmutatja, hogy Isten mennyire helyreállította és megváltotta az életét.

Ennek a dicsőítő zsoltárnak az a célja, hogy bátorítson minket, függetlenül attól, hogy mivel állunk szemben. Emlékeztető Isten jelleméről: az Ő jóságáról, könyörületességéről, együttérzéséről, kedvességéről és erejéről. Nem számít, hogy mit érzünk, Isten szabadítását kijelenthetjük, akkor is, ha nem látjuk még megvalósulni. Megrendülhet a hitünk, de megerősíthetjük azáltal, ha dicsőítjük Ő.

Urunk a Szabadítás Istene. Amikor népe hozzá kiált, Ő válaszol. Ő az Isten, aki megment minket, amikor gondokkal és bánattal nézünk szembe. Megvéd minket, és megmenti életünket a haláltól.

Szánj egy percet annak értékelésére, hogy hol tart ma a hited. Könnyű elhinned Istennek a zsoltáros által kiemelt tulajdonságait? Vagy azt kérdezed magadtól: "Miért nem tette meg Isten ezeket a dolgokat értem?" Bármi is a válaszod, Isten változatlan marad. Jellemének ezek a vonásai soha nem változnak, mindig ugyanazok maradnak. Ő mindörökké az az Isten, aki meghallgatja könyörgéseinket, aki kedvességgel áraszt el bennünket.

A bánat és fájdalom idején a legjobb fegyverünk a kétségbeesés és a reménytelenség ellen Isten dicsőítése. Egyedül Ő tudja megváltoztatni egészségünket, pénzügyeinket, kapcsolatainkat, nemzeteinket, munkánkat és szívünket. Mindig ragaszkodj ehhez az igazsághoz, különösen akkor, amikor a legnehezebb elhinni. Egy napon, talán nem csak akkor, amikor majd találkozunk Vele a dicsőségben, mindannyian azt mondjuk majd: „Hogyan tudnám viszonozni az Úrnak minden kedves cselekedetét, amit velem tett?" Mindannyian ünnepelni fogjuk szabadulásunkat, amely csak és mindig Őáltala jön el. (*113–118. zsoltárok)

Zsoltárok 106.

1 Dicsérjétek az Örökkévalót! Hallelújah! Adjatok hálát az Örökkévalónak, mert ő jó! Mert hűséges szeretete örökké kísér! 2 Ki mondhatná el, milyen hatalmas az Örökkévaló? Ki lenne képes méltón dicsérni őt? 3 Milyen boldog és áldott, aki mindig igazságosan és helyesen cselekszik! 4 Örökkévaló, gondolj rám, mikor népeden könyörülsz! Számíts közéjük, mikor megmented őket! 5 Hadd örüljek, mikor választottaidat megáldod, hadd vegyek részt néped örömében, hadd dicsérjelek velük együtt! 6 Bizony, vétkeztünk mi is, akárcsak őseink, bűnösök vagyunk, gonoszul cselekedtünk! 7 Őseink Egyiptomban nem becsülték meg az Örökkévaló csodáit, nem törődtek bőséges kegyelmével, lázadtak ellene a Vörös-tengernél. 8 Ő mégis megszabadította népét saját nevéért, hogy nagy hatalmát megmutassa. 9 Ráparancsolt a Vörös-tengerre, és az kiszáradt, átvezette népét a mély tengerfenéken, mintha sivatag lett volna. 10 Kimentette őket gyűlölőik kezéből, megváltotta őket ellenségeiktől. 11 Üldözőiket pedig elborította a tenger, egy sem menekült meg. 12 Akkor aztán hittek az Örökkévaló szavának, és énekkel dicsérték őt. 13 De hamar elfelejtették az Örökkévaló tetteit, és kételkedtek terveiben. 14 Kívánságaik uralkodtak rajtuk a pusztában, próbára tették az Örökkévaló türelmét a sivatagban. 15 Ő pedig megadta nekik, amit kértek, de küldött rájuk pusztító betegséget. 16 Fellázadtak Mózes ellen a táborban, és Áron, az Örökkévaló szentje ellen. 17 Akkor megnyílt a föld, és elnyelte Dátánt, elborította Abirám csoportját. 18 Tűz égette el őket, megemésztette a lázadókat. 19 Majd aranyból bálványt emeltek a Hórebnél, és imádták a bika szobrát! 20 Felcserélték Isten dicsőségét a füvet legelő bika szobrával! 21 Elfelejtették Istenüket, Szabadítójukat, aki hatalmas dolgokat tett értük Egyiptomban, 22 csodákat Hám földjén, és félelmetes dolgokat a Vörös-tengernél! 23 El akarta pusztítani őket, de Mózes, Isten választottja, megállította, lecsendesítette Isten pusztító haragját! 24 Nem akartak bemenni a kívánatos földre, mert nem bíztak Isten ígéretében. 25 Sátraikban zúgolódtak és panaszkodtak, az Örökkévaló szavára pedig nem figyeltek. 26 Végül az Örökkévaló megesküdött, hogy mindnyájan a pusztában halnak meg, 27 utódaikat pedig elűzi a népek közé, szétszórja őket a Föld országaiba. 28 Majd Baál-Peór bálványát imádták, és a

bálványoknak áldozott ételekből ettek. 29 Felbosszantották tetteikkel az Örökkévalót, ő pedig csapásokkal sújtotta őket. 30 Akkor felállt Fineás, végrehajtotta az ítéletet, és megszűnt a csapás. 31 Tetszett ez Istennek, emlékezik Fineásra és tettére mindörökre! 32 Megharagították az Örökkévalót Meribá vizeinél is, még Mózes is bajba keveredett miattuk. 33 Felbosszantották és elkeserítették Mózest, aki meggondolatlanul szólt. 34 Nem pusztították ki az idegen népeket arról a földről, az Örökkévaló parancsa szerint, 35 hanem összekeveredtek velük, és követték gonosz tetteiket. 36 Azok bálványait imádták, és csapdába estek miattuk. 37 Feláldozták saját fiaikat és leányaikat is a démonoknak! 38 Ártatlanok vérét ontották: gyermekeiket megölték, a kánaáni bálványoknak áldozták fel őket! Így tették országuk földjét fertőzötté. 39 Bűneikkel magukat is beszennyezték, hűtlenek lettek Istenükhöz, mint a házasságtörő feleség! 40 Ezért megharagudott népére az Örökkévaló, és örökségét eldobta magától. 41 Saját népét idegenek kezébe adta, hogy gyűlölőik uralkodjanak rajtuk. 42 Elnyomták őket ellenségeik, és megalázták őket. 43 De újra meg újra megszabadította népét az Örökkévaló ellenségeitől, ők mégis lázadoztak ellene. Saját fejük után mentek, ismét bűneikbe süllyedtek. 44 Ha bajba kerültek, mégis az Örökkévalóhoz kiáltottak segítségért, ő pedig meghallgatta kérésüket, 45 mert Szövetséget kötött velük, s ezt ő soha nem felejti el! Ezért újra meg újra könyörült rajtuk, s hozzájuk fordult hűséges szeretetével. 46 Még azokat is jóindulatúvá tette irántuk, akik fogságba vitték Izráel népét. 47 Ó, Istenünk, Örökkévaló, szabadíts meg, gyűjts össze, és ments ki minket a népek közül, hadd dicsérjük szent neved, hadd dicsekedjünk dicséreteddel! 48 Áldott legyen az Örökkévaló, Izráel Istene öröktől fogva mindörökké! Mondja az egész nép: Ámen! Dicsérjétek az Örökkévalót! Hallelújah!

NAPLÓ
gondolataid

....
....
....
....
....
....
....
....
....
....
....
....
....
....
....
....
....

IMÁK / *Zsoltárok 106:48*

IGEVERS / *másold ki az IMÁK-nál kijelölt igerészt*

MEGFIGYELÉS / *írj le 3-4 gondolatot, megjegyzést*

ÁTÜLTETÉS / *írj le 1-2 gyakorlati alkalmazást*

KÖSZÖNET, KÉRÉS / *írd le az imádságodat azzal kapcsolatban, amit megértettél*

IMÁK

Zsoltárok 106:48

„Áldott legyen az Örökkévaló, Izráel Istene öröktől fogva mindörökké!
Mondja az egész nép: "Ámen! Dicsérjétek az Örökkévalót! Hallelújah!"

ELMÉLKEDÉS

A Zsoltárok 106 az Istenbe vetett bizalom és a dicséret gyönyörű példája. A zsoltáros hosszan és részletesen felsorolja, hogyan bánt Isten Izráellel. Emlékezik, hogyan mentette meg Isten a népét a pusztában. Méltatja Isten gondoskodását, amikor éhesek és szomjasak voltak és szorult helyzetükben Hozzá kiáltottak. Felidézi, hogyan csillapította Isten az éhségüket, és miként szabadította meg őket ellenségeiktől. Amikor az emberek vétkeztek, szembesültek bűnük következményeivel, és megtapasztalták Isten haragját. De Isten sohasem hagyta el őket. Mindig nagyszerű tetteket vitt véghez az érdekükben, minden alkalommal megmentette őket, amikor reménytelen helyzetükben segítségre volt szükségük.

Vannak esetek, amikor a fájdalmunk a bűnünk következménye. Előfordul, hogy a fájdalmunkat valaki más bűne okozza. És az is megtörténik, hogy a fájdalom a megromlott világunk eredménye.

A bűnbánat a siránkozás létfontosságú aspektusa. Bár az adott helyzetünk nem feltétlenül bűnös tettek eredménye, mindannyian bűnösök vagyunk, akiknek szükségük van Isten kegyelmére. Amikor bűnbánatot tartunk, saját tehetetlenségünkre gondolunk, és Isten erejére, aki megment minket. Nélküle elvesznénk a teljes sötétségben, elnyelne a bűnünk, és már csak a halált várnánk. Ha azonban Krisztusban vagyunk, hihetetlen reménységünk van! A bűnbánat eszünkbe juttatja elesett, bűnös állapotunkat, irgalmas Megváltónkat és örökkévaló reménységünket Őbenne. Dicsőítésre késztet bennünket, mert emlékezünk nagy Istenünk jóságára, hűségére, erejére és irgalmára.

Istenünk jó. Hűséges szeretete nem fogy el. Ő hatalmas, és minden tette dicséretre méltó. Nem feledkezik el a népéről. Még bűneinkben is megemlékezik rólunk. Meghallja segélykiáltásunkat és megszabadít.

Egyedül Benne reménykedünk. Egyedül Ő adja meg mindazt, amire szükségünk van. Miközben Tőle várjuk a megbocsátást és a megváltást, reményünk az Ő kereszten elvégzett művében van, nem pedig a saját jócselekedeteinkben vagy abban hogy nem fogunk szenvedni. Siránkozásunk része a bűnbánat, a bizalom és a dicséret: bűnünk beismerése, bizalom Jézus áldozatában és Isten dicsérete örök életünkért Krisztusban. Egyedül ő méltó a dicséretre. Emlékezve hatalmas cselekedeteire és hűséges jellemére, életünk szüntelenül dicsőítse Őt.

Zsoltárok 145.

Dávid zsoltára. 1 Én Istenem, Királyom, dicsérlek téged! Örökké áldom neved! 2 Minden nap áldalak, dicsérem neved örökké! 3 Nagy az Örökkévaló és méltó, hogy dicsérjük, nagysága felmérhetetlen, végtelen! 4 Nemzedék nemzedéknek hirdeti tetteid, hatalmas tetteid dicsérik mindannyian! 5 Fenséges dicsőséged szépségén, csodás tetteiden elmélkedem! 6 Félelmetes hatalmadról beszélnek mindannyian, én pedig csodás tetteidet hirdetem! 7 Emlékeznek, mennyi jót adtál nekik, igazságos tetteidről énekelnek. 8 Jóságos az Örökkévaló, és kegyelmes, türelme hosszan tart, szeretete hatalmas! 9 Jóindulatú és nagylelkű mindenkihez, irgalmas minden teremtményéhez! 10 Dicsérjen hát téged minden teremtményed, Örökkévaló! Áldanak mind, akik hűséggel követnek téged. 11 Uralkodásod dicsőségét hirdetik, hatalmad nagyságát magasztalják, 12 hogy mindenki megismerje hatalmas tetteid, s hogy lássák uralkodásod dicsőségét! 13 Királyságod nemzedékről nemzedékre megmarad, királyi uralmad örökké tart! Az Örökkévaló megtartja ígéretét, és minden tette hűségéből fakad. 14 Felemeli az Örökkévaló az elesetteket, felsegíti az elnyomottakat! 15 Minden élő tőled várja ételét, te pedig idejében adsz nekik! 16 Megnyitod kezed, enni adsz nekik, megelégítesz minden élőt bőségesen! 17 Bizony, mind jó és igazságos, amit az Örökkévaló tesz! Minden tette hűséges szeretetéből fakad! 18 Közel van mindenkihez, aki segítségül hívja őt, aki tiszta szívből hozzá kiált! 19 Teljesíti azok kívánságát, akik tisztelik és félik őt, meghallgatja segélykiáltásukat, és megsegíti őket. 20 Az Örökkévaló megvédi, akik szeretik őt, de a gonoszokat elpusztítja. 21 Az Örökkévaló dicséretét hirdetem! Szent nevét áldja örökké, aki él!

IMÁK

IMÁK / *Zsoltárok 145:2–3*
IGEVERS / *másold ki az IMÁK-nál kijelölt igerészt*

_____

_____

_____

_____

_____

_____

_____

_____

_____

_____

_____

_____

_____

_____

_____

_____

MEGFIGYELÉS / *írj le 3-4 gondolatot, megjegyzést*

_____

_____

_____

_____

_____

_____

_____

_____

ÁTÜLTETÉS / *írj le 1-2 gyakorlati alkalmazást*

KÖSZÖNET, KÉRÉS / *írd le az imádságodat azzal kapcsolatban, amit megértettél*

IMÁK

Zsoltárok 145:2–3

„Minden nap áldalak, dicsérem neved örökké! Nagy az Örökkévaló és méltó, hogy dicsérjük, nagysága felmérhetetlen, végtelen!

ELMÉLKEDÉS

Nagyon sok olyan dolgot tapasztalunk, ami fájdalmat okoz nekünk. Vágyunk a gyógyulásra, vágyunk arra, hogy megtört állapotunk helyreálljon, és fájdalmunkban Istenhez kiáltunk. Az elmúlt négy hétben sokat tanultunk a siránkozás gyakorlatáról. Láttuk, hogy Isten meg akarja hallani fájdalmas kiáltásainkat. Isten azt akarja, hogy osszuk meg vele a fájdalmunkat. De a bizalmunkra és a dicséretünkre is vágyik.

Isten méltó a dicséretre. Egyedül ő mentett meg minket. Egyedül Ő váltott meg minket. És egyedül Ő mutatja meg nekünk továbbra is hűséges szeretetét.

A dicséret a helyzetünkről Istenünkre irányítja a figyelmünket. A dicséret összhangba hozza elménket és szívünket az igazsággal Istenre, önmagunkal és a helyzetünkre vonatkozóan. Amint a zsoltáros mondja: "senki sem tudja felfogni az ő nagyságát" (Zsoltárok 145:3). Dicsőíthetjük, azért, amit tudunk a jelleméről, és amit cselekedeteiből látunk. Megvallhatjuk nagyságát a körülményeinkben, abban a biztos tudatban, hogy bármivel is nézünk szembe, Istenünk mindig uralkodik és irányít.

Hogyan dicsérheted ma Őt? Ha a dicsőítés túl nehéznek tűnik, olvasd el fennhangon a zsoltáros kijelentését a Zsoltárok 145-ben. Dicsérd Őt, még ha nem is érzel így. Isten dicsérete nemcsak imádat, hanem a hit cselekedete is. Azzal, hogy kinyilvánítjuk az Ő jóságát, függetlenül attól, hogy mivel állunk szemben, növeljük a Belé vetett hitünket. A dicsőítés Urunkra emeli a tekintetünket. Lehetővé teszi, hogy emlékezzünk az Ő hűségének figyelemre méltó cselekedeteire a múltunkban, ezáltal bízhatunk abban, hogy a jövőben is számíthatunk csodálatos, hűséges cselekedeteire.

Mit tett Isten érted? Milyen konkrét módon tapasztaltad meg az Ő hűségét? Dicsőítsd Őt ezekért a dolgokért. Hidd el, hogy a jövőben is megmutatja a hűségét irántad. Tanulmányunk végeztével ne feledd, hogy a siránkozás gyakorlati cselekedet, amit a hitéletünk során folyamatosan fejlesztünk és felfedezünk. Amikor kiöntjük a szívünket Istennek, az a hit megnyilvánulása. Ha bízunk Benne, meglátjuk az Ő hatalmát és szerető jellemét. Az Ő dicsőítése által megnyugszik a szívünk abban a hitben, hogy bármivel is nézzünk szembe a földön, semmi sem hasonlítható az eljövendő dicsőséghez, amikor Vele leszünk az örökkévalóságban. Mindenki, aki él, dicsérje az Ő szent nevét örökké!

1. Mit láttál, amit Isten érted tett? Mikor mutatta meg neked, hogy Ő megtartja ígéreteit?

....

....

....

2. Miért fontos, hogy emlékezzünk arra, mit tett Isten a múltban? Dicsérd Őt ma azért, mert hűséges volt hozzád!

....

....

....

3. Mit jelent Isten szabadítását ünnepelni? Lehetséges-e az Ő szabadítását ünnepelni még azelőtt, hogy láttad volna megtörténni? Hogyan ünnepelheted Isten szabadítását függetlenül attól, hogy mivel nézel ma szembe?

....

....

....

4. Milyen szerepet játszik a bűnbánat a siralom gyakorlatában? Miért fontos a bűnbánat ebben a folyamatban? Hogyan lehet a bűnbánat az imádat és a dicsőítés egyik formája?

....

....

....

5. Jegyezz fel egy Istennek szóló dicsőítő imát! Dicsérd Őt hűségéért, szentségéért és változatlan természetéért.

....

....

....

Csatlakozz hozzánk!

ONLINE

lovegodgreatly.com
szeresdnagyonistent.hu

TANULMÁNYOZÓ FÜZETEK

lovegodgreatly.com/store
szeresdnagyonistent.hu/bibliatanulmany

FACEBOOK

lovegodgreatly
szeresdnagyonistent

INSTAGRAM

@lovegodgreatlyofficial
@ szeresdnagyonistent

ALKALMAZÁS
(csak angol nyelven)

Love God Greatly

....

KAPCSOLAT

info@lovegodgreatly.com
lgghungary@gmail.com

KAPCSOLÓDJ

#LoveGodGreatly

Amit nyújthatunk

Több mint 30 nyelvre lefordított anyagok
Bibliaolvasási tervek
Online bibliatanulmány
Szeresd Nagyon Istent alkalmazás (csak angolul érhető el)
Szolgálat több mint 200 országban
Bibliatanulmányozó naplók
Közösségi csoportok
Szeresd Nagyon Istent Biblia
Szeresd Nagyon Istent tanulmányozó füzet

A tanulmányok tartalma

Heti három blogbejegyzés
Napi áhítatok
Aranymondások
Heti kihívások
Heti elmélkedő kérdések
Átvezető olvasási terv

Egyéb tanulmányok

Megváltó	Félelem és aggodalom
A hála forrása	Jakab levele
Ki vagyok Jézusban?	Mindenért adjatok hálát
A barátságról	Filippi – Válaszd az örömöt
Kezdetben	1 és 2. Timóteus – Megélni az Evangéliumt
Már evangéliuma	Teljesen odaszánva
Szégyentől szabadon	A galatákhoz írt levél
Jézus a mindenünk	Megtörve és Megváltva
János 1,2,3	Kövesd a bölcsességet – Példabeszédek könyve
Erőt kaptunk	A karácsonzhoy vezető út
Közelebb Istenhez	Isten megbocsát neked
Feltámadt	Dávid – Az ő története a miénk is
Boldogmondások	Prédikátor könyve – Megtalálni életünk igazi célját
A szavak hatalma	Növekedés ima által
Józsué könyve – Járj győztesen	Isten nevei
Mikeás könyve	Közösségre teremtve
Hűséges szeretet – Hóseás könyve	Zsoltárok 119
Válaszd a bátorságot	Péter 1. és 2. levele
Isten ígéretei	Eszter
Jónás könyve – Szeresd a szeretetre nem méltókat	A hála forrása
1, és 2. Thesszalonika – Reményteljes jövő	Isten szeret téged
Hazugság helyett igazság